Pizza,
Flammkuchen & Co.

AUTORIN: BRIGITTA STUBER | FOTOS: WOLFGANG SCHARDT

Praxistipps

Extra

Rezepte

8 Klassiker unter sich

28 Gefüllt, gerollt & bedeckt

42 Klein und fein

Basics für den Backerfolg

Wer Spaß am Backen hat, kann auch bei der Zubereitung herzhafter Kuchen seiner Kreativität freien Lauf lassen und immer wieder Neues ausprobieren.

Zum Belegen pikanter Blechkuchen müssen Sie meist nicht ganz genau den Zutatenlisten folgen. Verlangt das Rezept zum Beispiel Schalotten, klappt es auch mit Haushaltszwiebeln. Und anstelle von Frühlingszwiebelgrün passen genauso gut Schnittlauchröllchen obendrauf. Ob Sie für den saftigen Belag eine Packung passierte Tomaten oder eine Dose stückige Tomaten nehmen oder Tomatenmark mit ein wenig Olivenöl verrühren, hängt von Ihrem Vorrat ab. Vielleicht haben Sie neben dem normalen Mehl noch einen Rest Dinkelvollkorn- und Roggenmehl oder gemahlenen Buchweizen im Schrank – dann mischen Sie! Hier ist Kreativität gefragt. Gute Qualität der Produkte natürlich auch. Schon mit wenigen Vorräten lassen sich wunderbare Blechkuchen kreieren. Hier ein paar Basics:

Mehl ist nicht gleich Mehl

Wenn in der Zutatenliste der Rezepte »Mehl« steht, ist weißes Weizenmehl (Type 405) gemeint. Die Typenbezeichnung auf der Packung gibt den Mineralstoffgehalt an. Type 405 bedeutet, dass das Mehl 405 mg Mineralstoffe pro 100 g enthält. Je höher die Typenzahl, umso mehr Getreide-Schalenanteile und damit auch Mineralstoffe sind im Mehl. Mein Geheimtipp: Bäcker verwenden für Hefeteig meist Mehl mit den Typen 550 oder 630. Diese eignen sich besonders gut für Teige, die aufgehen sollen. Für eine gute Backeigenschaft ist auch das wasserunlösliche Eiweiß im Weizenkorn von Bedeutung. Sehr ertragreiche, billige Sorten sind eiweißarm.

Daher lohnt es sich für Hefeteig, ein etwas teureres Qualitätsmehl zu verwenden.

Hefe – frisch oder getrocknet?

Kenner schätzen zarten Hefeteig mit frischer Hefe. In kleine, 42 g leichte Würfelchen gepresst, findet man sie im Kühlregal des Supermarktes. Bereits nach etwa einer Woche im Kühlschrank wird allerdings schon ihre Triebkraft schwächer. Achten Sie daher auf das aufgedruckte Mindesthaltbarkeitsdatum. 1 Würfel Hefe reicht für 1 kg Mehl. Mit ein paar Päckchen haltbarer Trockenhefe im Vorrat sind Ihrer Spontanität Tür und Tor geöffnet. Ein Päckchen entspricht ½ Würfel frischer Hefe und reicht für ein ganzes Blech Pizza. Ein weiteres Plus von Trockenhefe ist die einfache Zubereitung ohne Vorteig.

Ideen ohne Ende

Gute Kombinationen für den Belag sind: Zarte Gemüse mit mildem Guss wie blanchierte Spargelstücke mit Eier-Sahne-Guss und geriebenem Käse. Oder Zuckerschoten gemischt mit Maiskörnern und Tomatenstücken. Oder man kombiniert aromatisches Gemüse mit würziger Wurst oder kräftigem Käse, zum Beispiel Bohnen und Tomaten mit Salami, spanischer Chorizo oder geräuchertem Speck. Knoblauch und Thymian, Oregano, Salbei und Rosmarin – frisch oder getrocknet – geben den Kuchen einen mediterranen Touch. Mozzarella, Parmesan, Schafkäse (Feta), Emmentaler Käse, Bergkäse oder Gouda-Käse runden den Geschmack ab.

Passendes Handwerkszeug

Der eine oder andere Küchenhelfer ist beim Pizzabacken sehr nützlich. Hier ein paar Utensilien, die das Ausrollen, Bestreichen, Backen und Portionieren erleichtern.

Wer öfter Pizza oder herzhafte Blechkuchen bäckt, kann ein zweites **Backblech** gut gebrauchen, wenn mehrere runde Fladen hintereinander gebacken werden müssen. Eine gute Alternative zum Backblech sind runde Pizzabackbleche – erhältlich in verschiedenen Größen und Ausstattungen. Wer knusprige Böden mag, wählt am besten gleich die gelochten Pizzabackbleche.

Zur Standardausrüstung von Vielbäckern gehört außerdem ein **großes Nudelholz** zum Ausrollen der Teige. Mit einem **kleinen Teigroller** zusätzlich kommt man auch noch direkt auf dem Blech gut in die Ecken. Auch ein **Backpinsel** zum Fetten des Blechs oder zum Bestreichen eines Strudels mit Eigelb gehört zur Ausstattung. Und mit einem **Pizzaschneider** lässt sich das duftende und knusprige Gebäck superleicht portionieren. Alle Küchenhelfer gibt es in gut sortierten Haushaltswarenläden oder übers Internet.

Teige und ihre Besonderheiten

Hefeteig

Mürbeteig

Kartoffelteig

Hefeteig – so gelingt er

»Gut Ding will Weile haben« – dieses Sprichwort trifft exakt auf das Gelingen von Hefeteig zu. Damit er sich optimal entfalten kann, braucht er Zeit zum Ruhen, Wärme und ausdauerndes Kneten. Alle Zutaten müssen Zimmertemperatur haben. Die Flüssigkeiten – Wasser, Milch, Buttermilch oder Joghurt – sollten lauwarm sein. Die in den Rezepten angegebenen Zeiten zum Gehenlassen sind Mindestzeiten. Jede Minute mehr ist gut für den Teig. Bis zu acht Stunden kann man ihn mit einem sauberen Tuch bedeckt stehen lassen. Wenn Sie den Teig noch früher vorbereiten möchten, stellen Sie ihn in den Kühlschrank. Das nennt der Fachmann dann »kalte Führung« (Rezept Seite 44). Vor der Weiterverarbeitung sollte der Teig aber wieder Zimmertemperatur annehmen. Beim Ruhen sollte er in jedem Fall sein Volumen verdoppeln. Nach dem Gehenlassen den Teig noch einmal kräftig kneten, dann gleich auf dem Blech ausrollen, nach Wunsch belegen und mit einem sauberen Tuch bedeckt ein letztes Mal gehen lassen, bis der Backofen die gewünschte Backtemperatur erreicht hat. Ein Grundrezept mit Hefeteig finden Sie auf Seite 11 (Pizza Margherita).

Kalt mag es der Mürbeteig

Salziger Mürbeteig ist fettreich, gut vorzubereiten und sollte möglichst schnell im Kühlschrank landen. Ein Teil Fett – beispielsweise Butter oder Schmalz –, zwei Teile Mehl und ein Teelöffel Salz, so lautet die Zutatenformel. Eventuell ein Eigelb oder ein paar Esslöffel Eiswasser dazugeben und mit kühlen Händen rasch verkneten. Den Teig zügig zwischen Frischhaltefolie dünn ausrollen und in der Folie eingerollt gleich in die Kälte legen, bis der Belag vorbereitet ist. Das Blech muss nicht gefettet werden. Ein Grundrezept mit Mürbeteig finden Sie auf Seite 18 (Lauchkuchen).

Mal was anderes – Kartoffelteig

Dafür braucht man mehligkochende Kartoffeln, meistens gegart. Die Kartoffeln nach dem Garen abgießen und abkühlen lassen, dann pellen und grob raspeln. Die Kartoffelraspel in einer individuellen Mischung oder nach Rezept mit Mehl, Ei, weicher Butter oder Crème fraîche, Salz und Gewürzen wie frisch geriebener Muskatnuss oder getrocknetem Majoran vermengen. Aus dem Teig eine Kugel formen, diese flach drücken und direkt auf dem gut mit Butter eingefetteten Backblech ausrollen. Nach Rezept belegen oder füllen.

Tomatensugo

Nützen Sie die preiswerte Tomatenvielfalt in den Sommermonaten. Für einen Sugo eignen sich die länglichen kernarmen Flaschentomaten besonders gut.

2 kg vollreife Tomaten
1 Gemüsezwiebel | 2 Knoblauchzehen
1 Möhre | 2 Stangen Staudensellerie
1 Stängel Salbei | 3 Zweige Thymian
2 Stängel Oregano
4 EL Olivenöl | 1 Lorbeerblatt
100 ml Gemüsebrühe
Salz | Zucker | schwarzer Pfeffer aus der Mühle
weißer Aceto balsamico

1 Stielansätze der Tomaten entfernen. Tomaten an der Rundung kreuzweise einschneiden, kurz überbrühen (Bild 1), häuten und in Stücke schneiden.

2 Zwiebel und Knoblauch schälen, beides klein würfeln. Möhre und Staudensellerie waschen, putzen, dabei etwas Selleriegrün beiseitelegen. Mit Möhre und Selleriestangen klein schneiden. Die Kräuter waschen und trocken tupfen, die Blätter klein schneiden (Bild 2).

3 Öl in einem Topf erhitzen, Zwiebel, Möhre und Sellerie darin 2–3 Min. dünsten. Tomaten, Kräuter, Lorbeerblatt und Brühe unterrühren. Alles offen bei mittlerer Hitze 30 Min. köcheln lassen, dabei gelegentlich umrühren. Lorbeerblatt entfernen. Die Sauce mit Salz, Zucker, Pfeffer und Essig abschmecken und abfüllen (Bild 3).

VORRATSTIPP
5 Schraubgläser (à ca. 340 ml Inhalt) mit heißem Wasser ausspülen, auf einem Tuch abtropfen lassen. Die Gläser mit heißer Sauce füllen, verschließen und umdrehen. Die Sauce abkühlen lassen. Sie reicht für 5 Pizzen und hält sich im Kühlschrank etwa 2 Monate. Den Sugo eventuell pürieren, bevor Sie den Boden bestreichen.

WÜRZ-TIPP
Würzen Sie den Sugo nur schwach, damit Sie je nach Pizza noch variieren können, zum Beispiel mit gehacktem Rosmarin oder für mehr Schärfe mit Cayennepfeffer.

Klassiker unter sich

Erinnerungen an »bella italia« werden wach, wenn Sie diese Artischockenpizza aus dem Ofen holen. Und bei türkischer Pide lässt es sich so schön vom östlichen Mittelmeer träumen. Ziemlich deftig kommt der schwäbische Zwiebel- oder sächsische Speckkuchen daher. Ein ganz besonderer Genuss: hauchdünne Flammkuchen aus dem Elsass.

Artischockenpizza

400 g Mehl | ½ Würfel Hefe (ca. 20 g)
1 Prise Zucker | Salz | 5 EL Olivenöl
6 in Öl eingelegte Artischockenherzen
400 g Kirschtomaten
1 große rote Peperoni
2 EL mit Paprika gefüllte grüne Oliven
100 g Mozzarella
50 g Salami in dünnen Scheiben | 2 EL Kapern
1 TL getrocknete Kräuter der Provence
3 Stängel Basilikum
Olivenöl für das Backblech

Für 1 Backblech (12 Stücke)
🕐 1 Std. 15 Min. Zubereitung | 25 Min. Backen
Pro Stück ca. 215 kcal, 7 g EW, 9 g F, 25 g KH

1 Mehl in eine Schüssel geben, in die Mitte eine Mulde drücken. Die Hefe hineinbröckeln, mit Zucker bestreuen, mit 125 ml lauwarmem Wasser verrühren. Zugedeckt 15 Min. gehen lassen. 1 TL Salz und 2 EL Öl zugeben, alles mit 125 ml lauwarmem Wasser verkneten. Zugedeckt 30 Min. gehen lassen.

2 Inzwischen die Artischocken vierteln. Tomaten waschen und halbieren, dabei den Stielansatz entfernen. Peperoni längs halbieren, putzen, waschen und in feine Streifen schneiden. Oliven in Scheibchen schneiden. Den Mozzarella würfeln.

3 Ein Backblech mit Öl bepinseln. Den Teig kneten, auf dem Blech ausrollen, dabei einen kleinen Rand formen. Alle vorbereiteten Zutaten, Salami und Kapern darauf verteilen. Mit Kräutern der Provence und Salz würzen. Den Ofen auf 240° (Umluft 220°) vorheizen. Die Pizza mit 3 EL Öl beträufeln und zugedeckt 10 Min. gehen lassen. Im Ofen (Mitte) 25 Min. backen. Das Basilikum waschen und trocken schütteln, die Blätter abzupfen und über die Pizza streuen.

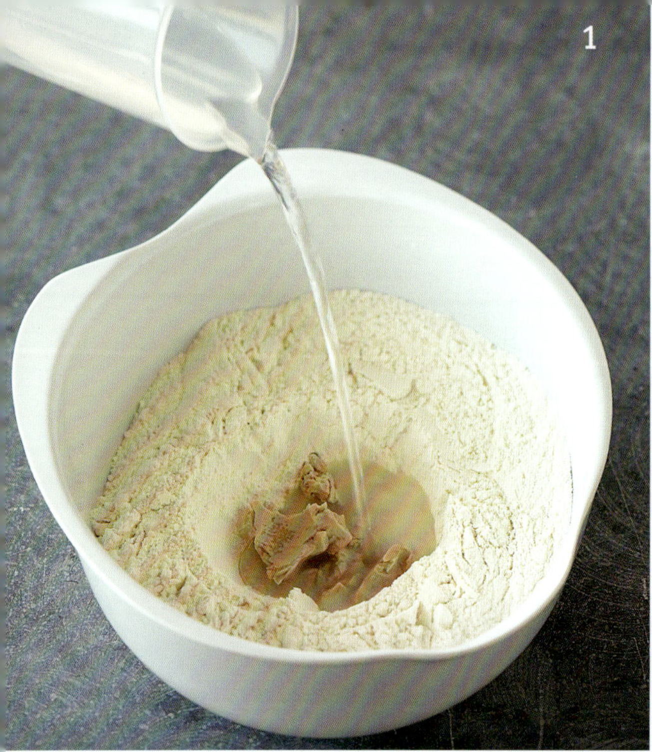
1

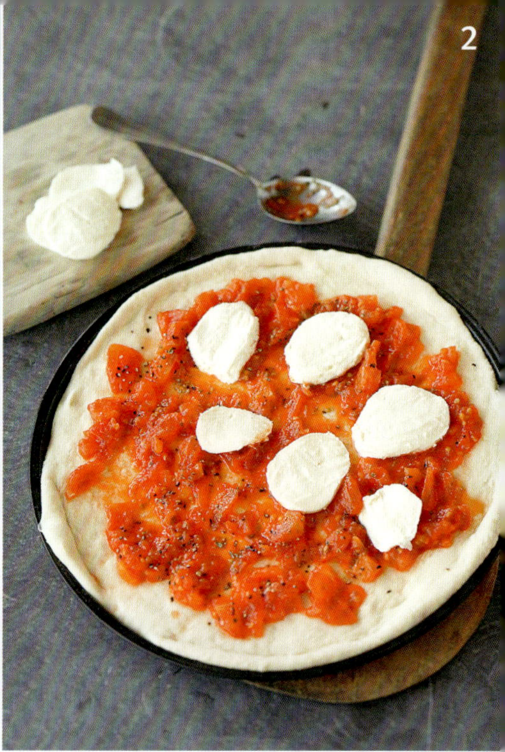
2

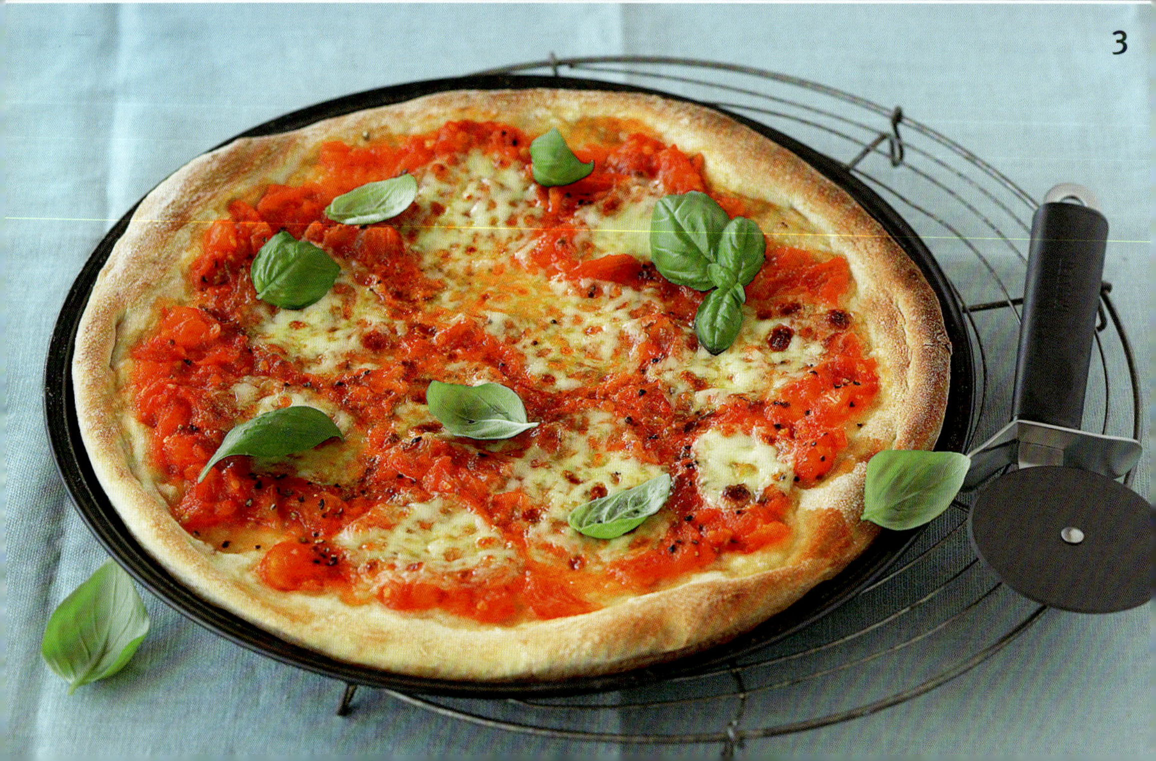
3

Grundrezept | preiswert

Pizza Margherita

Ende des 19. Jahrhunderts kreierten neapolitanische Köche eine Pizza in den italienischen Landesfarben und benannten sie nach ihrer Königin.

400 g Mehl
½ Würfel Hefe (ca. 20 g)
1 Prise Zucker | Salz
6 EL Olivenöl
750 g vollreife Fleischtomaten
schwarzer Pfeffer
1 TL getrockneter Oregano
200 g Mozzarella
50 g Pecorino (italienischer Schafkäse)
3 Stängel Basilikum
Olivenöl für die Backbleche

Für 2 Fladen
🕐 1 Std. 20 Min. Zubereitung | 20 Min. Backen
Pro Fladen ca. 1350 kcal, 51 g EW, 59 g F,
154 g KH

1 Das Mehl in eine Schüssel geben, in die Mitte eine Mulde drücken. Die Hefe hineinbröckeln, mit Zucker bestreuen und mit 125 ml lauwarmem Wasser und etwas Mehl glatt rühren. Den Vorteig zugedeckt an einem warmen Platz mindestens 15 Min. gehen lassen (Bild 1).

2 1 TL Salz und 2 EL Öl auf den Mehlrand geben und alles mit 125 ml lauwarmem Wasser 10 Min. verkneten, bis der Teig glänzend und geschmeidig ist. Den Hefeteig zugedeckt an einem warmen Platz mindestens 30 Min. gehen lassen.

3 Inzwischen für den Tomatensugo die Stielansätze der Tomaten entfernen. Tomaten kurz überbrü-

hen, häuten und in Stücke schneiden. 2 EL Olivenöl in einem Topf erhitzen, die Tomaten dazugeben und offen unter gelegentlichem Rühren 15 Min. dünsten, bis die Flüssigkeit etwas verdampft ist. Mit Salz, Pfeffer und zerriebenem Oregano kräftig würzen. Den Sugo abkühlen lassen. Mozzarella in Scheiben schneiden und den Pecorino reiben.

4 Zwei Bleche mit Olivenöl einfetten. Den Hefeteig nochmals kneten und halbieren. Die Hälften zu runden Fladen (ca. 25 cm ∅) ausrollen, dabei die Ränder etwas dicker lassen. Die Fladen auf die Bleche legen und mit Tomatensugo bestreichen. Mit Mozzarellascheiben belegen und mit übrigem Olivenöl beträufeln (Bild 2). Den Backofen auf 240° (Umluft 220°) vorheizen. Die Pizza zugedeckt 10 Min. gehen lassen. Die Fladen nacheinander im Ofen (Mitte) ca. 20 Min. backen, dabei jeweils nach 10 Min. mit geriebenem Käse bestreuen.

5 Die zuerst gebackene Pizza nochmals 2 Min. in den abgeschalteten Ofen schieben. Das Basilikum waschen und trocken tupfen und die Blätter abzupfen. Die fertigen Pizzen mit den Basilikumblättern bestreut servieren.

VARIANTEN
Mit diesem Hefeteig können Sie individuelle Pizza-Kreationen backen. Verwenden Sie, was noch im Kühlschrank ist. Oder belegen Sie den Fladen mit Ihren Lieblingszutaten, zum Beispiel mit Chorizo (spanische Knoblauchwurst) in Scheiben, Pfefferschoten aus dem Glas und/oder bunten Paprikawürfeln.

vegetarisch | sehr aromatisch

Zwiebel-Kräuter-Pizza

250 g Mehl | 200 g Dinkelvollkornmehl
1 Päckchen Trockenhefe
2 EL Schweineschmalz | Salz
700 g rote Zwiebeln | 2 EL Olivenöl
2 große Knoblauchzehen | 1 Bund Petersilie
1 Stängel Salbei | schwarzer Pfeffer
2 EL schwarze Oliven ohne Stein
100 g Schafkäse (Feta)
2 Eier | 1 Bund Schnittlauch
Olivenöl für das Backblech

Für 1 Backblech (12 Stücke)
🕙 1 Std. 20 Min. Zubereitung | 25 Min. Backen
Pro Stück ca. 220 kcal, 8 g EW, 8 g F, 29 g KH

1 Beide Mehlsorten mit Hefe, Schmalz, 1 TL Salz und ¼ l lauwarmem Wasser verkneten. Den Teig zugedeckt 1 Std. gehen lassen.

2 Zwiebeln schälen, in Ringe schneiden. Öl erhitzen, die Zwiebeln darin 10 Min. braten. Knoblauch schälen, hacken. Petersilie und Salbei waschen und trocken tupfen. Die Blätter fein hacken und mit dem Knoblauch unter die Zwiebeln mischen. Die Mischung salzen, pfeffern und weitere 5 Min. dünsten. Abkühlen lassen.

3 Ein Blech einfetten. Ofen auf 240° (Umluft 220°) vorheizen. Teig kneten, auf dem Blech ausrollen, dabei einen Rand formen. Oliven grob zerkleinern, mit der Zwiebelmasse auf den Teig geben. Käse darüberbröckeln. Im Ofen (Mitte) 25 Min. backen. Eier in 8–10 Min. hart kochen, kalt abschrecken, pellen und in Scheiben schneiden. Schnittlauch waschen, trocken schütteln und in Röllchen schneiden. Beides auf der Pizza verteilen.

türkische Spezialität | vegetarisch

Pide

½ Würfel Hefe (ca. 20 g) | 400 g Mehl | Salz
4 EL Olivenöl | 3 Knoblauchzehen
1 kleine grüne Paprikaschote
3 Stängel Pfefferminze | 1 Bund Petersilie
1 Dose passierte Tomaten (400 g Inhalt)
Pfeffer | 500 g Sahnjoghurt (10 % Fett)
2 weiße Zwiebeln | ½ Kopf Eissalat
1 EL scharfe Paprikaflocken (aus dem türkischen Lebensmittelgeschäft)
Olivenöl für die Backbleche

Für 4 Fladen
🕙 1 Std. 10 Min. Zubereitung | 20 Min. Backen
Pro Fladen ca. 660 kcal, 17 g EW, 24 g F, 95 g KH

1 Hefe, etwas Mehl und 125 ml lauwarmes Wasser verrühren. Zugedeckt 15 Min. gehen lassen. Übriges Mehl, 125 ml lauwarmes Wasser, 1 TL Salz und 2 EL Öl unterkneten. Zugedeckt 30 Min. gehen lassen. Knoblauch schälen, hacken, mit Salz bestreuen und zerdrücken. Paprikaschote halbieren, putzen, waschen, würfeln. Kräuter waschen und trocken tupfen, die Blätter klein hacken. Paprikawürfel und jeweils die Hälfte Knoblauch und Kräuter mit den Tomaten mischen. Mit Salz und Pfeffer würzen.

2 Zwei Bleche einfetten. Ofen auf 250° (Umluft 230°) vorheizen. Den Teig vierteln, ausrollen, dabei einen Rand formen. 100 g Joghurt erwärmen, die Ränder damit bepinseln. Fladen mit Tomatenmasse bestreichen. Im Ofen (Mitte) 15 Min. backen. Zwiebeln schälen, in Ringe schneiden, in übrigen Kräutern wälzen. Joghurt mit übrigem Knoblauch verrühren. Salat in Streifen schneiden. Zwiebeln, Salat, Joghurt und Paprikaflocken auf die Fladen geben.

für Gäste | braucht etwas Zeit

Mediterraner Blechkuchen

Sonnengereifte Gemüsesorten, edler Parmaschinken und duftende Kräuter des Südens sorgen für wunderbare Aromen und für ein besonderes Geschmackserlebnis.

500 g Mehl
½ Würfel Hefe (ca. 20 g) | 1 Prise Zucker
Salz | 100 ml Olivenöl
150 g Parmaschinken (in dünnen Scheiben)
50 g in Öl eingelegte getrocknete Tomaten
150 g Mozzarella | 50 g Parmesan
1 Fenchelknolle
1 Bund Frühlingszwiebeln
100 ml Weißwein (oder Apfelsaft) | weißer Pfeffer
1 gelbe und 2 rote Paprikaschoten
3 kleine Zucchini (ca. 500 g)
2 TL frisch gepresster Zitronensaft
1 Dose stückige Tomaten (400 g Inhalt)
1 TL getrockneter Oregano
3 Zweige Rosmarin
Öl für das Backblech

Für 1 Backblech (16 Stücke)
◎ 2 Std. Zubereitung | 30 Min. Backen
Pro Stück ca. 240 kcal, 10 g EW, 11 g F, 26 g KH

1 Das Mehl in eine Schüssel geben, in die Mitte eine Mulde drücken. Die Hefe hineinbröckeln, mit Zucker bestreuen. Die Hefe mit etwas Mehl und 100 ml lauwarmem Wasser verrühren. Den Vorteig zugedeckt an einem warmen Platz 20 Min. gehen lassen. Dann 1 TL Salz und 3 EL Olivenöl auf den Mehlrand geben. Das Mehl mit dem Vorteig und 150 ml lauwarmem Wasser mischen und gut verkneten. Den Teig zugedeckt 40 Min. gehen lassen.

2 Inzwischen die Schinkenscheiben in Streifen schneiden. Die getrockneten Tomaten klein schneiden. Den Mozzarella abtropfen lassen und würfeln. Den Parmesan reiben. Fenchel waschen und putzen. Etwas Grün hacken und beiseitelegen. Fenchel halbieren, den Strunk entfernen und die Hälften in Streifen schneiden. Die Frühlingszwiebeln waschen und putzen. Das Weiße klein würfeln, das Grüne in feine Ringe schneiden und beiseitelegen. 1 EL Olivenöl erhitzen, das Weiße der Frühlingszwiebeln darin 2 Min. anbraten. Fenchelstreifen zufügen und 3 Min. mitbraten. Den Wein dazugießen, das Gemüse salzen, pfeffern und offen 5 Min. dünsten. Das Gemüse abkühlen lassen. Paprikaschoten halbieren, putzen, waschen und würfeln. Die Zucchini waschen, putzen, längs halbieren und in Halbscheibchen schneiden, mit Zitronensaft beträufeln.

3 Ein Backblech einfetten. Den Teig nochmals kneten, ausrollen, auf das Blech legen und dabei einen Rand formen. Die Tomaten in ein Sieb geben und abtropfen lassen, dann mit den vorbereiteten Zutaten auf den Teig geben. Mit Salz, Pfeffer und Oregano würzen, mit dem übrigen Olivenöl beträufeln. Rosmarinzweige kleiner zupfen und darauflegen. Die Pizza zugedeckt 15 Min. gehen lassen. Den Ofen auf 240° (Umluft 220°) vorheizen.

4 Den Kuchen im Ofen (Mitte) 25–30 Min. backen. Herausnehmen, Rosmarin entfernen. Den Kuchen mit Frühlingszwiebel- und Fenchelgrün bestreuen.

Spinatkuchen mit Schafkäse

Bei diesem Blechkuchen ist zur Abwechslung mal ein fertiger Blätterteig aus der Tiefkühltruhe die knusprige Grundlage für einen würzigen Belag.

2 Packungen TK-Blätterteig (600 g) | 3 Knoblauchzehen | Salz | 1 Stängel Salbei | 3 Zweige Thymian | 5 EL Tomatenmark | Zucker | frisch gemahlener schwarzer Pfeffer | 3 EL Olivenöl | 1 kg Wurzelspinat | frisch geriebene Muskatnuss | 500 g mittelgroße feste Tomaten | 150 g Schafkäse | 40 g Pinienkerne

Für 1 Backblech (20 Stücke)
🕐 45 Min. Zubereitung | 35 Min. Backen
Pro Stück ca. 170 kcal, 4 g EW, 12 g F, 12 g KH

1 Die Blätterteigscheiben nebeneinanderlegen und auftauen lassen, dann ausrollen und auf ein kalt abgespültes Backblech legen.

2 Inzwischen den Knoblauch schälen, klein würfeln, mit etwas Salz bestreuen und zerdrücken. Salbei und Thymian waschen und trocken tupfen, die Blätter klein hacken. Das Tomatenmark mit je 1 Prise Salz und Zucker, Pfeffer, Kräutern, der Hälfte des Knoblauchs und 2 EL Öl verrühren.

3 Den Spinat putzen, waschen, verlesen und in kochendem Salzwasser 2 Min. blanchieren, dann abgießen und gut auspressen. Den Spinat hacken, mit Pfeffer, Muskat und übrigem Knoblauch würzen. Die Tomaten waschen, quer in Scheiben schneiden und dabei die Stielansätze entfernen. Den Schafkäse grob zerbröckeln.

4 Den Backofen auf 220° (Umluft 200°) vorheizen. Den Blätterteig mit dem gewürzten Tomatenmark bestreichen. Den Spinat darauf verteilen. Pinienkerne, Käse und Tomatenscheiben daraufgeben. Sparsam mit Salz würzen und mit übrigem Öl beträufeln. Im Backofen (Mitte) 35 Min. backen.

gelingt leicht | exklusiv

Lachsfladen

250 g Mehl (Type 550) | 1 Päckchen Trockenhefe |
Salz | 4 EL Olivenöl | 1 Zwiebel | 1 Knoblauch-
zehe | ½ Packung passierte Tomaten (250 g) |
1 TL getrockneter Oregano | 50 g frisch geriebe-
ner Parmesan | 2 Stängel Dill | 200 g geräucherter
Lachs | 125 g Schmant | Öl für die Backbleche

Für 2 Fladen
⏱ 1 Std. Zubereitung | 25 Min. Backen
Pro Stück ca. 1220 kcal, 56 g EW, 68 g F, 96 g KH

1 Mehl, Hefe, ½ TL Salz, 2 EL Öl, 150 ml warmes
Wasser verkneten. 40 Min. gehen lassen. Zwiebel
und Knoblauch schälen, klein würfeln, mit Tomaten
verrühren. Mit Salz und Oregano würzen. Ofen auf
240° (Umluft 220°) vorheizen. Zwei Bleche einfetten. Teig halbieren, ausrollen, auf die Bleche legen.
Mit Tomatenmasse bestreichen, mit Käse bestreu-
en, mit übrigem Öl beträufeln. Im Ofen (Mitte)
20–25 Min. backen. Dill waschen, Spitzen abzupfen. Mit Lachs und Schmant auf die Fladen geben.

etwas teurer | raffiniert

Thunfisch-Garnelen-Pizza

250 g Mehl | 1 Päckchen Trockenhefe | Salz | 5 EL
Olivenöl | 250 g frischer Thunfisch | 200 g Garne-
len | 1 TL Kräuter der Provence | Saft von ½ Zitro-
ne | 1 Prise Cayennepfeffer | ½ Packung passierte
Tomaten (250 g) | Öl für die Backbleche

Für 2 Pizzen
⏱ 1 Std. Zubereitung | 25 Min. Backen
Pro Pizza ca. 1050 kcal, 62 g EW, 47 g F, 95 g KH

1 Mehl mit Hefe, ½ TL Salz, 3 EL Öl und 150 ml
warmem Wasser verkneten. Teig zugedeckt 40 Min.
gehen lassen. Thunfisch in kleine Stücke schneiden, mit Garnelen, Kräutern der Provence, Zitronensaft, Cayennepfeffer und 1 EL Öl locker mischen.

2 Den Backofen auf 240° (Umluft 220°) vorheizen.
Zwei Backbleche einfetten. Teig halbieren, die Hälften zu dünnen Fladen ausrollen und auf die Bleche
legen. Mit Tomaten bestreichen, Fischmischung
daraufgeben, salzen und mit übrigem Öl beträufeln. Im Backofen (Mitte) 25 Min. backen.

lässt sich gut vorbereiten | preiswert

Lauchkuchen

Am Abend kommen Freunde? Sie haben wenig Zeit zum Vorbereiten? Kein Problem!
Bereiten Sie morgens den Teig zu. Dann erledigen Sie später den Rest mit links.

Für den Teig:
450 g Mehl
200 g kalte Butter
1 Eigelb
1 TL Salz
Für den Belag:
3–4 Stangen Lauch (ca. 500 g)
2 Zwiebeln
1 Knoblauchzehe
25 g Butter
5 EL Weißwein (oder Apfelsaft)
1 Bund Petersilie
100 g Sahne | 2 Eier
frisch gemahlener schwarzer Pfeffer
1 TL edelsüßes Paprikapulver
250 g gekochter Schinken am Stück
150 g Emmentaler Käse
Außerdem:
Eiswürfel für das Wasser

Für 1 Backblech (20 Stücke)
🕙 1 Std. 15 Min. Zubereitung | 35 Min. Backen
Pro Stück ca. 240 kcal, 9 g EW, 15 g F, 17 g KH

1 In eine kleine Schüssel kaltes Wasser mit ein paar Eiswürfeln geben. Eine Arbeitsfläche mit Frischhaltefolie auslegen. Das Mehl in eine Schüssel geben. Die kalte Butter in Stückchen, Eigelb, Salz und 4–5 EL Eiswasser zufügen. Alles rasch zu einem glatten Teig verkneten. Den Teig auf die Folie legen, flach drücken, mit Folie bedecken, dünn ausrollen und in der Folie aufgerollt (Bild 1) in den Kühlschrank legen, bis der Belag fertig ist.

2 Für den Belag den Lauch putzen, längs halbieren, gründlich waschen und in feine Streifen schneiden. Zwiebeln und Knoblauch schälen und klein würfeln. Die Butter erhitzen, darin beides glasig andünsten. Den Lauch und Wein zugeben und offen bei mittlerer Hitze 2 Min. dünsten.

3 Die Petersilie waschen und trocken tupfen. Die Blätter von 2 Stängeln beiseitelegen und den Rest hacken. Sahne und Eier verquirlen und unter das Lauchgemüse mischen. Mit Salz, Pfeffer und Paprikapulver abschmecken. Den Schinken klein würfeln. Den Käse fein reiben.

4 Den Backofen auf 220° (Umluft 200°) vorheizen. Den Teig in der Folie aufrollen. Die Folie entfernen und die Teigplatte auf das Blech legen. Wenn nötig, den Teig in der Größe des Blechs auseinanderdrücken und dabei einen kleinen Rand formen.

5 Die Gemüsemasse auf die Teigplatte streichen (Bild 2). Schinkenwürfel, Petersilie und geriebenen Emmentaler darüberstreuen. Den Lauchkuchen im Backofen (Mitte) in 30–35 Min. goldbraun backen. Herausnehmen und lauwarm abkühlen lassen. Den lauwarmen Kuchen mit den restlichen Petersilienblättern garniert servieren.

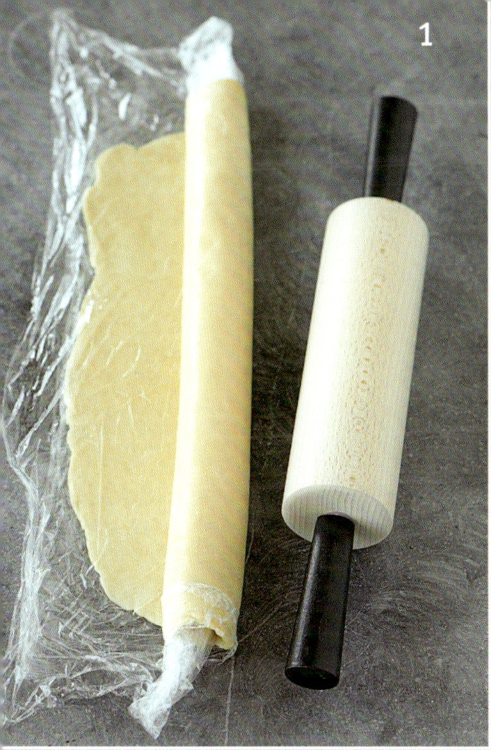
1

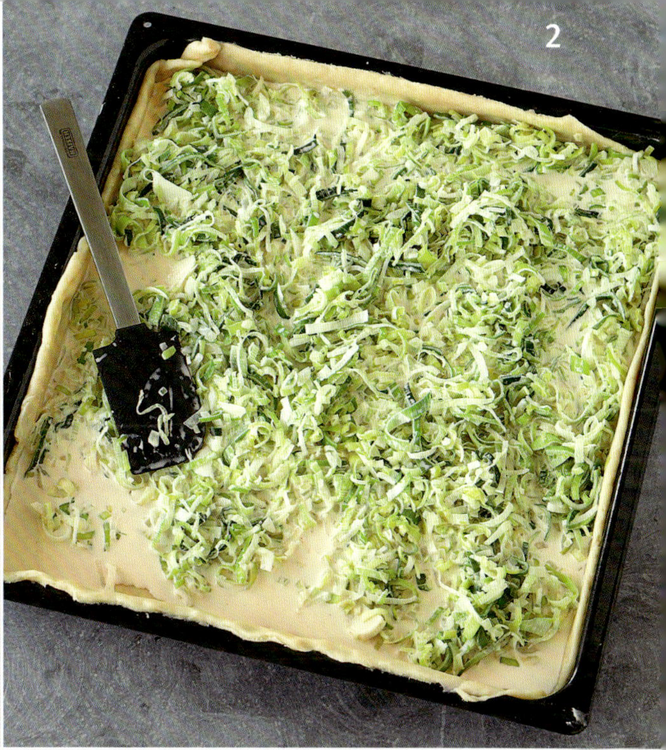
2

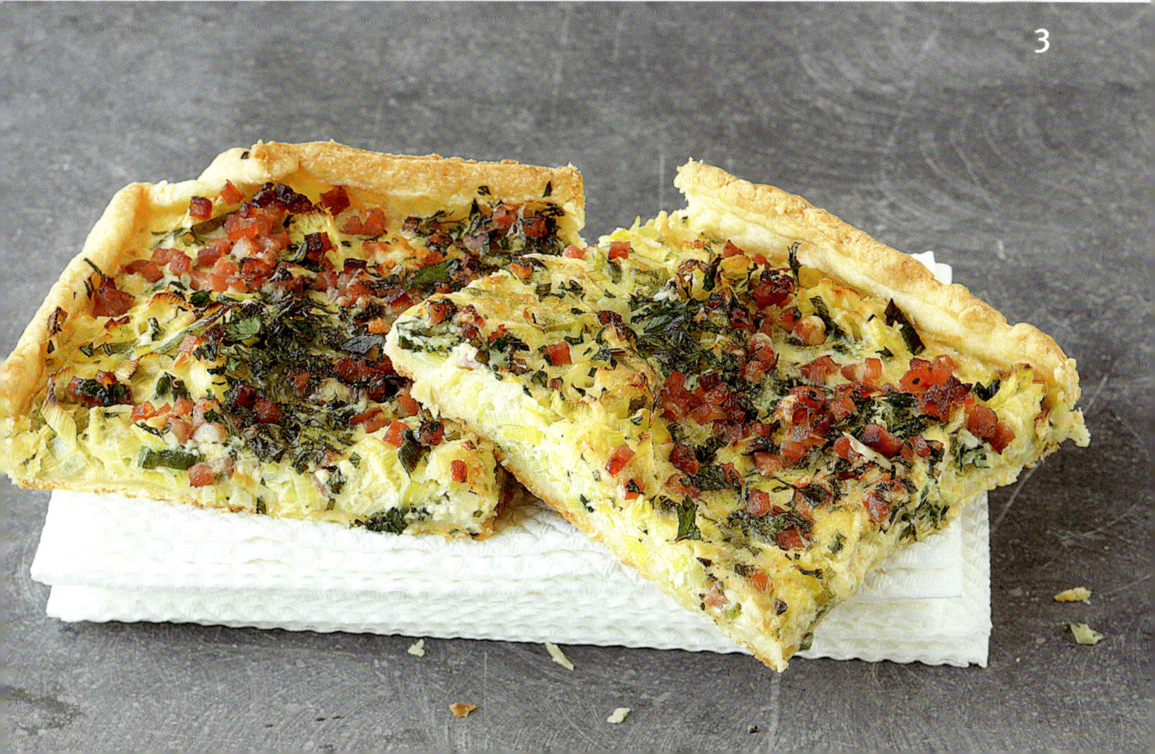
3

etwas ganz Besonderes | für Gäste

Auberginenpizza

250 g Mehl | ½ Würfel Hefe (ca. 20 g)
6 EL Olivenöl | Salz
250 g Lammfilet (oder Rinderfilet)
3 Knoblauchzehen | 2 Zweige Rosmarin
1 TL edelsüßes Paprikapulver
1 TL getrocknete Kräuter der Provence
400 g Tomaten | 500 g Auberginen
2 EL Tomatenmark | ½ TL getrockneter Oregano
schwarzer Pfeffer | 100 g Pecorino
Olivenöl für das Backblech

Für 1 Pizza (4 Stücke)
🕐 1 Std. 15 Min. Zubereitung | 30 Min. backen
Pro Stück ca. 580 kcal, 32 g EW, 27 g F, 51 g KH

1 Aus Mehl, Hefe, 2 EL Olivenöl, 1 TL Salz, 125 ml
lauwarmem Wasser einen Teig zubereiten (Rezept
Seite 11). Den Teig zugedeckt 30 Min. gehen lassen.
Fleisch in dünne Scheiben schneiden. Knoblauch
schälen, klein hacken. Rosmarin waschen und trocken tupfen, die Nadeln hacken. Beides mit Paprikapulver, Kräutern der Provence und 3 EL Öl verrühren. Das Fleisch darin 20 Min. marinieren. Tomaten
und Auberginen waschen, putzen und in ca. 1 cm
dicke Scheiben schneiden.

2 Blech einfetten. Teig kneten und rund ausrollen
(ca. 28 cm ∅), auf das Blech legen und dabei einen
Rand formen. Tomatenmark mit übrigem Öl und
Oregano verrühren, den Teig damit bestreichen.
Das Fleisch abtropfen lassen, mit Auberginen und
Tomaten daraufgeben, salzen und pfeffern. Ofen
auf 240° (Umluft 220°) vorheizen. Den Käse reiben.
Pizza damit bestreuen, mit Marinade beträufeln.
Im Backofen (Mitte) 25–30 Min. backen.

tolle Kombination | preiswert

Apfelpizza

150 g Weizenvollkornmehl | 100 g Mehl
½ Würfel Hefe (ca. 20 g) | Salz
5 EL Sonnenblumenöl
3 Zwiebeln | 2 Knoblauchzehen
2 EL Sonnenblumenkerne
300 g gemischtes Hackfleisch
1 EL Tomatenmark | schwarzer Pfeffer
1 TL getrockneter Thymian
2 säuerliche Äpfel | 100 g Emmentaler Käse
Sonnenblumenöl für das Backblech

Für 1 Pizza (4 Stücke)
🕐 1 Std. 30 Min. Zubereitung | 35 Min. Backen
Pro Stück ca. 710 kcal, 32 g EW, 42 g F, 51 g KH

1 Aus beiden Mehlsorten, Hefe, ½ TL Salz, 2 EL Öl
und 125 ml lauwarmem Wasser einen Teig zubereiten (Rezept Seite 11). 30 Min. gehen lassen.

2 Zwiebeln und Knoblauch schälen. 1 Zwiebel und
Knoblauch hacken, die übrigen Zwiebeln in Ringe
schneiden. Sonnenblumenkerne hacken. 1 EL Öl
erhitzen, gehackte Zwiebel und Knoblauch darin
glasig braten. Hackfleisch, Tomatenmark und Sonnenblumenkerne zufügen, bei starker Hitze unter
Rühren krümelig braten, mit Salz, Pfeffer und Thymian würzen. Kurz abkühlen lassen. Äpfel waschen,
halbieren, entkernen und in Scheiben schneiden.
Den Käse reiben. Das Backblech einfetten.

3 Ofen auf 220° (Umluft 200°) vorheizen. Teig
kneten, rund ausrollen (ca. 30 cm ∅), dabei einen
Rand formen. Hackfleisch, Äpfel und Zwiebelringe
daraufgeben. Mit Käse bestreuen, mit übrigem Öl
beträufeln. Im Ofen (Mitte) 30–35 Min. backen.

für Gäste | vegetarisch

Mangoldkuchen

Der saftige Kuchen hat einen Boden aus Quark-Öl-Teig, der super leicht gelingt.
Frisch aus dem Ofen schmeckt er einfach köstlich!

Für den Belag:
Salz | 1 kg Mangold
2 Schalotten | 2 Knoblauchzehen
4 mittelgroße Tomaten
100 g Walnusskerne
150 g Gouda-Käse (in Scheiben)
1 kleine Dose Mais (ca. 150 g Abtropfgewicht)
½ TL gemahlener Kreuzkümmel
1 Prise frisch geriebene Muskatnuss
50 g Butter
120 g Semmelbrösel
frisch gemahlener schwarzer Pfeffer | 2 EL Distelöl
Für den Quark-Öl-Teig:
1 Päckchen Backpulver | 500 g Mehl
250 g Magerquark
4–5 EL Milch
3 EL Distelöl | 1 Prise Zucker
1 TL Salz | 1 Ei
Außerdem:
Mehl für die Arbeitsfläche
Butter für das Backblech

Für 1 Backblech (16 Stücke)
⊕ 1 Std. Zubereitung | 40 Min. Backen
Pro Stück ca. 230 kcal, 12 g EW, 14 g F, 32 g KH

1 Mangold putzen, waschen und abtropfen lassen. Die Stiele abschneiden. Blätter und Stiele in Streifen schneiden. Reichlich Salzwasser aufkochen lassen, darin beides 3 Min. blanchieren, in ein Sieb abgießen und gut abtropfen lassen.

2 Schalotten und Knoblauch schälen und klein schneiden. Tomaten waschen, die Stielansätze entfernen und die Tomaten quer in Scheiben schneiden. Die Walnusskerne grob hacken. Den Käse in ca. 2 cm breite Streifen schneiden. Den Mais abtropfen lassen. Den Mangold etwas ausdrücken, mit Mais, Schalotten und Knoblauch mischen. Die Mischung mit Kreuzkümmel, Muskat und Salz würzen.

3 Die Butter zerlassen, darin die Semmelbrösel unter Rühren bei mittlerer Hitze hellbraun braten, die Nüsse zugeben und kurz mitbraten. Die Mischung aus der Pfanne nehmen und abkühlen lassen. Ein Backblech mit Butter einfetten. Den Ofen auf 200° vorheizen.

4 Für den Teig Backpulver und Mehl mischen. Den Quark mit Milch, 2 EL Öl, Zucker, Salz und Ei verrühren. Die Mehlmischung unterrühren und alles zu einem glatten Teig verkneten.

5 Den Quark-Öl-Teig auf dem Backblech ausrollen und mit Butter-Walnuss-Brösel bestreichen. Die Mangoldmischung darauf verteilen, mit Tomatenscheiben belegen. Mit wenig Salz und Pfeffer würzen und mit übrigem Öl beträufeln. Die Käsestreifen diagonal darauflegen. Den Kuchen im Backofen (Mitte, Umluft 180°) 35–40 Min. backen.

AUSTAUSCH-TIPP
Statt Walnusskernen können Sie auch Haselnusskerne, gehackte Mandeln, Kürbiskerne, Pistazienkerne oder hellbraun geröstete Pinienkerne nehmen.

Schwäbische Spezialität | braucht etwas Zeit

Zwiebelkuchen

200 g Mehl | 200 g Dinkelvollkornmehl
½ Würfel Hefe (ca. 20 g) | 1 Prise Zucker
¼ l lauwarme Milch | 2 EL weiche Butter
Salz | 1 kg Zwiebeln
200 g durchwachsener Speck
3 Eier | 3 EL Mehl | 250 g saure Sahne
1 TL getrockneter Majoran
frisch gemahlener schwarzer Pfeffer
Butter für das Backblech

Für 1 Backblech (20 Stücke)
🕐 1 Std. 30 Min. Zubereitung | 40 Min. Backen
Pro Stück ca. 195 kcal, 6 g EW, 11 g F, 18 g KH

1 Beide Mehlsorten mischen. Mit Hefe, Zucker, Milch, Butter und 1 TL Salz, wie im Rezept »Pizza Margherita« (Seite 11) beschrieben, einen Teig zubereiten. Teig zugedeckt 30 Min. gehen lassen.

2 Zwiebeln schälen und in dünne Ringe schneiden. Speck klein würfeln und in einer großen Pfanne auslassen. Zwiebelringe zugeben und glasig werden lassen, dann etwas abkühlen lassen. Eier mit Mehl und saurer Sahne verrühren, mit Majoran, etwas Salz und Pfeffer würzen. Die Eier-Sahne-Mischung unter die Speck-Zwiebel-Masse rühren. Die Masse abkühlen lassen.

3 Ein Backblech einfetten. Den Teig nochmals kneten, in der Größe des Blechs ausrollen und auf das Blech legen, dabei einen Rand formen. Mit Speck-Zwiebel-Masse bestreichen. Den Ofen auf 200° vorheizen. Den Kuchen zugedeckt 10 Min. gehen lassen. Den Kuchen im Backofen (Mitte, Umluft 180°) 35–40 Min. backen.

für Gäste | deftig

Sächsischer Speckkuchen

500 g Mehl
½ Würfel Hefe (ca. 20 g)
¼ l lauwarme Milch
50 g weiches Butterschmalz
Salz | 3 Eier
500 g durchwachsener Speck
150 g saure Sahne
1 EL Speisestärke
2 EL Kümmelsamen
Butter für das Backblech

Für 1 Backblech (20 Stücke)
🕐 1 Std. Zubereitung | 40 Min. Backen
Pro Stück ca. 300 kcal, 7 g EW, 22 g F, 19 g KH

1 Das Mehl in eine Schüssel geben, in die Mitte eine Mulde drücken, die Hefe dazubröckeln und mit etwas Milch und Mehl verrühren. Den Vorteig zugedeckt 15 Min. gehen lassen. Butterschmalz, 1 TL Salz und 1 Ei dazugeben, alles mit übriger lauwarmer Milch gut verkneten. Den Teig zugedeckt 30 Min. gehen lassen.

2 Inzwischen den Speck klein würfeln und in einer Pfanne bei mittlerer Hitze auslassen, bis die Würfel knusprig sind. Speck auf Küchenpapier abtropfen lassen. Die übrigen Eier mit 1 Prise Salz schaumig rühren, saure Sahne und Speisestärke unterrühren.

3 Ein Backblech einfetten. Backofen auf 200° vorheizen. Den Teig kneten, in der Größe des Blechs ausrollen und auf das Blech legen, dabei einen Rand formen. Speck darauf verteilen, mit Kümmel bestreuen. Mit Eiercreme übergießen. Den Kuchen im Ofen (Mitte, Umluft 180°) 40 Min. backen.

oben: Sächsischer Speckkuchen | unten: Zwiebelkuchen

Bündner Kartoffelkruste mit Preiselbeerkompott

Mit Bündner Fleisch bekommt der Blechkuchen eine edle Note. Stück für Stück harmoniert dann perfekt mit frisch gekochtem Preiselbeerkompott.

Für die Kartoffelkruste: 1,5 kg mehligkochende Kartoffeln | 100 g Bündner Fleisch (in dünnen Scheiben) | 100 g Mehl | 1 Ei | 1 TL Salz | frisch gemahlener schwarzer Pfeffer | frisch geriebene Muskatnuss | 50 g Butter
Für das Kompott: 500 g Preiselbeeren | 150 ml Weißwein (oder Johannisbeersaft) | 100 g Zucker | Butter für das Backblech

Für 1 Backblech (16 Stücke)
🕐 1 Std. Zubereitung | 45 Min. Backen
Pro Stück ca. 160 kcal, 3 g EW, 4 g F, 24 g KH

1 Die Kartoffeln schälen, auf der Rohkostreibe grob raspeln und in einem Sieb etwas auspressen. Das Bündner Fleisch in Streifen schneiden. Mit Mehl und Ei unter die Kartoffeln mischen. Den Kartoffelteig mit dem Salz, je 1 kräftigen Prise Pfeffer und Muskat würzen.

2 Den Backofen auf 200° vorheizen. Ein Backblech einfetten. Den Kartoffelteig auf das Blech streichen und mit der Butter in Flöckchen bedecken. Im Backofen (Mitte, Umluft 180°) 40–45 Min. backen.

3 Für das Kompott die Preiselbeeren waschen. Wein und Zucker in einem Topf erhitzen. Die Hälfte der Beeren dazugeben und 5 Min. kochen lassen, dann vom Herd nehmen und mit dem Pürierstab zerkleinern. Die übrigen Preiselbeeren untermischen. Die Preiselbeeren bei kleiner Hitze weitere 2 Min. köcheln lassen. Das Kompott warm zur ofenfrischen Kartoffelkruste servieren.

AUSTAUSCH-TIPP
Statt frischer Preiselbeeren können Sie 250 g Preiselbeerkonfitüre aus dem Glas nehmen und einfach kalt zur Kartoffelkruste reichen.

Bunter Kartoffelkuchen

1 kg mehligkochende Kartoffeln | 1 große Zwiebel | 150 g Bergkäse | 1 Ei | 100 g Speisestärke | 100 g Crème fraîche | Salz | schwarzer Pfeffer | 400 g Zucchini | 1 Fleischtomate (ca. 250 g) | 3 Knoblauchzehen | ½ Bund Schnittlauch in Röllchen | Butter für das Backblech

Für 1 Backblech (8 Stücke)
⏱ 50 Min. Zubereitung | 40 Min. Backen
Pro Stück ca. 290 kcal, 10 g EW, 15 g F, 29 g KH

1 Kartoffeln und Zwiebel schälen, raspeln. Käse reiben. Die Hälfte mit Zwiebel, Kartoffeln, Ei, Stärke, Crème fraîche, 1 TL Salz und Pfeffer verrühren. Blech einfetten. Ofen auf 200° (Umluft 180°) vorheizen. Teig auf dem Blech ausrollen. Im Ofen (Mitte) 30 Min. backen. Zucchini waschen, putzen, in Streifen schneiden. Tomate waschen, würfeln. Knoblauch schälen, hacken. Gemüse mischen, salzen, pfeffern. Teig herausnehmen, Gemüse und Käse daraufgeben. 10 Min. backen. Mit Schnittlauch bestreuen.

Italia Kartoffelkuchen

500 g mehligkochende Kartoffeln | 280 g Mehl | 80 g Butter | 1 Ei | Salz | 1 Zwiebel | 2 Knoblauchzehen | 40 g getrocknete Tomaten | 100 g Mortadella am Stück | ½ TL getrockneter Salbei | 150 g saure Sahne | 2 El Distelöl | Basilikumblätter für die Deko | Butter für das Backblech

Für 1 Backblech (8 Stücke)
⏱ 50 Min. Zubereitung | 40 Min. Backen
Pro Stück ca. 340 kcal, 8 g EW, 18 g F, 34 g KH

1 Kartoffeln in 20 Min. garen, pellen, reiben. Die Hälfte mit Mehl, Butter, Ei und 1 TL Salz vermengen. Ofen auf 200° (Umluft 180°) vorheizen. Ein Blech einfetten. Den Teig ausrollen (ca. 28 cm ⌀), auf das Blech legen. Im Ofen (Mitte) 25 Min. backen. Zwiebel und Knoblauch schälen, mit Tomaten und Mortadella würfeln. Alles mit übrigen Kartoffeln, Salbei, saurer Sahne mischen, salzen. Fladen damit bestreichen, mit Öl bepinseln. Im Ofen (Mitte) 15 Min. backen. Mit Basilikumblättern bestreuen.

Gefüllt, gerollt & bedeckt

In diesem Kapitel überraschen leckere Füllungen: Mal kommen sie in dünnem Strudelteig gerollt daher. Mal werden sie in eine lockere Teighülle gepackt. Oder sie stecken gemeinsam unter einer knusprigen Teigdecke. Bei meinen Gästen kommt beispielsweise diese zarte und mild-würzige Käserolle sehr gut an. Unbedingt ausprobieren!

Käseroulade

300 g Mehl | ½ Würfel Hefe (ca. 20 g)
1 Prise Zucker | 150 ml Milch | 3 Eier
100 g weiche Butter | Salz
200 g Provolone (italienischer Hartkäse; oder
Emmentaler Käse)
3 EL Sahne | ½ TL scharfes Paprikapulver
3 Zweige Thymian
100 g Mailänder Salami (in dünnen Scheiben)
Mehl für die Arbeitsfläche
Butter für das Backblech

Für 1 Roulade (8 Stücke)
1 Std. 15 Min. Zubereitung | 50 Min. Backen
Pro Stück ca. 430 kcal, 18 g EW, 27 g F, 28 g KH

1 Mehl in eine Schüssel geben, in die Mitte eine
Mulde drücken. Die Hefe dazubröckeln, mit Zucker,
4 EL lauwarmer Milch und etwas Mehl verrühren.
Den Vorteig zugedeckt 15 Min. gehen lassen. Die
restliche lauwarme Milch, 1 Ei, 50 g Butter und
1 TL Salz dazugeben und alles verkneten. Den Teig
zugedeckt 30 Min. gehen lassen.

2 Den Käse reiben. Die restlichen Eier mit Sahne,
30 g Butter, Paprikapulver und etwas Salz schaumig schlagen. Den Käse untermischen. Thymian
waschen und trocken schütteln, die Blätter abzupfen. Ein Backblech einfetten.

3 Den Ofen auf 200° vorheizen. Den Teig auf einem
bemehlten Geschirrtuch zu einem Rechteck (ca. 30 x
40 cm) ausrollen. Mit Salami belegen, mit der Käse-
masse bestreichen, mit Thymianblättchen bestreu-
en. Den Teig mit Hilfe des Tuchs aufrollen, mit der
Naht nach unten auf das Blech legen und zugedeckt
10 Min. gehen lassen. Die Roulade im Ofen (Mitte,
Umluft 180°) 45–50 Min. backen. Die Roulade mit
übriger zerlassener Butter bestreichen und im aus-
geschalteten Ofen noch 10 Min. ruhen lassen.

intensiv würzig | Spezialität

Vorarlberger Krautstrudel

300 g Dinkelvollkornmehl
150 g weiche Butter | 150 g Magerquark
2 Eier | Salz | ½ Weißkohl (ca. 500 g)
1 Zwiebel | 150 g durchwachsener Speck
1 EL Kümmelsamen
1 TL edelsüßes Paprikapulver
150 g saure Sahne
Butter für das Backblech
Mehl für die Arbeitsfläche

Für 1 Strudel (8 Stücke)
⏱ 1 Std. 15 Min. Zubereitung | 40 Min. Backen
Pro Stück ca. 470 kcal, 13 g EW, 34 g F, 29 g KH

1 Mehl mit 100 g Butter, Quark, 1 Ei, 1–2 EL kaltem Wasser und 1 TL Salz verkneten. Den Teig zwischen Frischhaltefolie ausrollen (ca. 30 x 40 cm), mit der Folie zusammenrollen und kalt stellen.

2 Salzwasser aufkochen lassen. Den Kohl putzen, vierteln, waschen, vom Strunk befreien und 5 Min. blanchieren. Herausnehmen, die Blätter ablösen und in ca. 2 cm große Quadrate schneiden. Zwiebel schälen. Zwiebel und Speck würfeln. Speck braun braten. Zwiebel darin glasig braten. Kohl zugeben, 5 Min. mitbraten und mit 1 Prise Salz, Kümmel und Paprikapulver würzen. Den Kohl etwas abkühlen lassen. Das übrige Ei und saure Sahne unterrühren.

3 Blech fetten. Übrige Butter zerlassen. Ofen auf 200° vorheizen. Teig auf ein bemehltes Tuch legen. Kohl darauf verteilen, dabei einen ca. 3 cm breiten Rand freilassen. Teig mit Hilfe des Tuches aufrollen. Roulade auf das Blech legen, mit Butter bepinseln. Im Ofen (Mitte, Umluft 180°) 35–40 Min. backen.

schnell | macht was her

Selleriestrudel

1 Packung TK-Blätterteig (ca. 450 g)
150 g Bergkäse
200 g gekochter Schinken (in Scheiben)
4 Stangen Staudensellerie
½ Bund glatte Petersilie
150 g Crème fraîche mit Kräutern
Salz | frisch geriebene Muskatnuss
schwarzer Pfeffer
1 Ei zum Bestreichen
Mehl zum Arbeiten

Für 1 Strudel (8 Stücke)
⏱ 45 Min. Zubereitung | 50 Min. Backen
Pro Stück ca. 410 kcal, 15 g EW, 29 g F, 21 g KH

1 Die Blätterteigscheiben nebeneinanderlegen und auftauen lassen, bis die Füllung fertig ist.

2 Käse und Schinken klein würfeln. Staudensellerie waschen und putzen. Etwas Blattgrün hacken. Die Stangen in feine Scheiben schneiden. Petersilie waschen und trocken schütteln, die Blätter fein hacken. Alles mit Crème fraîche mischen. Mit Salz, Muskat und Pfeffer würzen.

3 Ofen auf 190° vorheizen. Ein Blech kalt abspülen. Ei verquirlen. Blätterteig auf einem bemehlten Tuch zu einem Rechteck (ca. 30 x 40 cm) ausrollen, Füllung daraufgeben, dabei einen ca. 3 cm breiten Rand freilassen. Teigränder mit Ei bepinseln. Den Teig mit Hilfe des Tuches aufrollen, mit Ei bepinseln. Aus eventuellen Teigresten kleine Motive ausstechen, auf den Strudel legen und mit übrigem Ei bepinseln. Den Strudel im Backofen (Mitte, Umluft 170°) 45–50 Min. backen.

links: Vorarlberger Krautstrudel | rechts: Selleriestrudel

vegetarisch | preiswert

Vollkornstrudel mit Sojasprossen

Ein wenig Geduld brauchen Sie schon für die Zubereitung des Vollkorn-Strudelteigs. Nach den ersten Bissen werden Sie feststellen, dass sich die Mühe gelohnt hat!

250 g Dinkelvollkornmehl
5 EL Distelöl
Salz | 40 g Butter
1 rote Paprikaschote
250 g Champignons
200 g Sojasprossen
frisch gemahlener schwarzer Pfeffer
½ Bund glatte Petersilie
2 Eigelb | 100 g Magerquark
150 g Crème fraîche mit Kräutern
100 g Kürbiskerne
Distelöl zum Arbeiten und Bestreichen
Butter für das Backblech
1 Eigelb und 2 EL Milch zum Bestreichen

Für 1 Strudel (8 Stücke) | ⏱ 1 Std. Zubereitung
40 Min. Backen | 15 Min. Ruhen
Pro Stück ca. 410 kcal, 12 g EW, 28 g F, 25 g KH

1 Mehl mit 2 EL Öl, ½ TL Salz und 125 ml lauwarmem Wasser verkneten. Die Hände vor dem Kneten mit Öl einfetten, damit der Teig nicht klebt. Teig zu einer Kugel formen, mit Öl bestreichen und unter einer umgestülpten Schüssel 30 Min. ruhen lassen.

2 Inzwischen die Butter schmelzen und abkühlen lassen. Die Paprikaschote halbieren, putzen, waschen und klein würfeln. Die Champignons putzen, mit Küchenpapier sauber reiben und klein schneiden. Die Sojasprossen in einem Sieb kurz kalt abbrausen und abtropfen lassen.

3 Jeweils 1 EL Öl erhitzen, darin dann nacheinander die Sprossen, Paprikawürfel und Pilze jeweils 2 Min. anbraten, salzen und pfeffern. Das Gemüse herausnehmen, abtropfen und abkühlen lassen. Petersilie waschen und trocken tupfen, die Blätter fein hacken. Mit Eigelben, Quark und Crème fraîche verrühren. Das Gemüse untermischen (Bild 1). Mit Salz und Pfeffer abschmecken.

4 Ein Backblech mit Butter einfetten. Den Backofen auf 200° (Umluft 180°) vorheizen. Die Kürbiskerne fein hacken. Den Teig zwischen Frischhaltefolie zu einem Rechteck (ca. 30 x 40 cm) ausrollen. Die obere Folie abziehen. Die Kürbiskerne auf eine Teighälfte streuen. Mit der Gemüsemasse bestreichen, dabei seitlich einen ca. 3 cm breiten Rand freilassen. Die andere Teighälfte mit der zerlassenen Butter bestreichen. Den Teig seitlich einschlagen, von der Längsseite her mit Hilfe der unteren Folie aufrollen (Bild 2) und mit der Naht nach unten auf das Blech legen.

5 Den Strudel im Ofen (unten) 35–40 Min. backen. Eigelb mit Milch leicht verquirlen und den Strudel nach 10 Min. damit bepinseln. Den Strudel herausnehmen und 15 Min. ruhen lassen. Dann in Scheiben schneiden und servieren.

raffiniert | vegetarisch

Ricottarolle

350 g Mehl | 200 g Hartweizengrieß
1 Päckchen Trockenhefe | Salz | 5 EL Olivenöl
100 g Provolone (italienischer Hartkäse; oder
mittelalter Gouda-Käse) | 100 g Parmesan
100 g schwarze Oliven mit Stein
1 Bund Frühlingszwiebeln
2 Knoblauchzehen | 1 Zweig Rosmarin
200 g Ricotta (oder Doppelrahmfrischkäse)
1 Prise scharfes Paprikapulver
Olivenöl für das Backblech | Mehl zum Arbeiten

Für 2 Rollen (12 Stücke)
🕐 1 Std. 30 Min. Zubereitung | 35 Min. Backen
Pro Stück ca. 300 kcal, 12 g EW, 12 g F, 34 g KH

1 Mehl, Grieß und Hefe mischen. Mit 1 TL Salz,
2 EL Öl, etwa 200 ml lauwarmem Wasser zu einem
Teig verkneten. Zugedeckt 1 Std. gehen lassen.

2 Provolone klein würfeln, Parmesan reiben. Oliven entsteinen, klein schneiden. Frühlingszwiebeln
putzen, waschen, in Ringe schneiden. Knoblauch
schälen, hacken, mit etwas Salz bestreut zerdrücken. Rosmarin waschen und trocken tupfen, die
Nadeln hacken. Alle vorbereiteten Zutaten mischen.

3 Ein Blech einfetten. Den Teig kneten, halbieren,
auf einem bemehlten Tuch zwei Rechtecke (à ca.
30 x 40 cm) ausrollen und mit 2 EL Öl bepinseln.
Jeweils mit Ricotta bestreichen, einen Rand freilassen. Olivenmischung daraufgeben, mit Paprikapulver würzen. Teig seitlich einschlagen, aufrollen, auf
das Blech setzen. Ofen auf 200° (Umluft 180°) vorheizen. Teigrollen 15 Min. gehen lassen. Mit übrigem Öl bepinseln. Im Ofen (Mitte) 35 Min. backen.

bayerische Spezialität | preiswert

Kartoffel-Käse-Strudel

750 g mehligkochende Kartoffeln
1 Stange Lauch
200 gekochter Schinken am Stück
60 g Butter | 2 Scheiben Toastbrot
100 g Emmentaler Käse
½ Bund glatte Petersilie | 3 Eier | Salz
schwarzer Pfeffer | ½ TL getrockneter Majoran
ca. 125 g Mehl | 200 g saure Sahne
1 Prise frisch geriebene Muskatnuss
1 TL Speisestärke | Mehl zum Arbeiten

Für 1 Strudel (6 Stücke)
🕐 1 Std. Zubereitung | 50 Min. Backen
Pro Stück ca. 440 kcal, 22 g EW, 22 g F, 37 g KH

1 Kartoffeln waschen und mit Schale in ca. 25 Min.
weich garen. Lauch putzen, waschen, in feine Ringe
schneiden. Schinken klein würfeln. 20 g Butter erhitzen, Schinken darin 2 Min. anbraten, abkühlen
lassen. Toastbrot entrinden, klein würfeln. Käse reiben. Petersilie waschen und trocken tupfen, die
Blätter hacken. Mit Schinken, Käse, Lauch, Brot und
1 Ei mischen. Mit Salz, Pfeffer und Majoran würzen.

2 Kartoffeln abgießen, kurz abkühlen lassen,
pellen, reiben. Mit 1 Ei, Mehl, 3 EL saurer Sahne,
1 TL Salz und Muskat verkneten. Eventuell noch
etwas Mehl unterkneten. Ofen auf 180° vorheizen.
Den Teig auf einem bemehlten Tuch zu einem
Rechteck (ca. 45 x 30 cm) ausrollen. Übrige Butter
zerlassen. Backblech und Teig damit bepinseln.
Schinkenmasse daraufgeben. Teig aufrollen, die
Enden andrücken. Übrige saure Sahne, 1 Ei und
Stärke verrühren. Den Strudel damit bepinseln. Im
Ofen (Mitte, Umluft 160°) 45–50 Min. backen.

gelingt leicht | vegetarisch

Gemüse-Calzone

Unter der goldbraunen Hefeteighülle steckt ein würziger Zutatenmix. Nehmen Sie dafür einfach, was gut schmeckt: Oliven, Paprikastreifen und Käse.

450 g Mehl | ½ Würfel Hefe (ca. 20 g)
1 Prise Zucker | Salz
2 EL Schweineschmalz
je 1 gelbe, rote und grüne Paprikaschote
50 g in Öl eingelegte getrocknete Tomaten
1 große Gemüsezwiebel | 2 Knoblauchzehen
½ Bund Rucola
100 g mit Paprika gefüllte grüne Oliven
4 Zweige Thymian | 100 g Parmesan
200 g Ricotta (oder Doppelrahmfrischkäse)
frisch gemahlener schwarzer Pfeffer
Olivenöl für die Backbleche
Mehl für die Arbeitsfläche
1 Ei und 2 EL Olivenöl zum Bestreichen

Für 4 Stück
1 Std. 30 Min. Zubereitung | 40 Min. Backen
Pro Stück ca. 830 kcal, 32 g EW, 35 g F, 93 g KH

1 Mehl in eine Schüssel geben, in die Mitte eine Mulde drücken. Hefe dazubröckeln, mit Zucker bestreuen, mit 100 ml lauwarmem Wasser und etwas Mehl zu einem Vorteig rühren. Zugedeckt 20 Min. gehen lassen. 1 kräftige Prise Salz und das Schmalz auf den Mehlrand geben. Mit etwa 100 ml lauwarmem Wasser zu einem glatten Teig verkneten. Den Teig zugedeckt 45 Min. gehen lassen.

2 Paprikaschoten halbieren, putzen und waschen. Paprikahälften und Tomaten klein würfeln. Zwiebel und Knoblauch schälen. Zwiebel auf der Rohkost-

reibe fein reiben. Den Knoblauch grob hacken und mit etwas Salz bestreut zerdrücken. Den Rucola waschen, verlesen, trocken schleudern und klein hacken. Oliven in Scheibchen schneiden. Thymian waschen und trocken tupfen, die Blätter abstreifen. Den Parmesan reiben. Alles mit dem Ricotta verrühren. Die Masse mit Salz und Pfeffer würzen.

3 Zwei Backbleche einfetten. Den Teig nochmals kneten, vierteln und die Viertel auf einer bemehlten Arbeitsfläche zu ovalen Fladen ausrollen. Das Gemüse darauf verteilen, dabei einen Rand freilassen.

4 Das Ei trennen. Eiweiß leicht verquirlen, die Ränder damit bepinseln. Teigfladen zusammenklappen und die Ränder andrücken. Olivenöl mit Eigelb leicht verquirlen. Die Oberfläche der Fladen damit bepinseln. Ofen auf 210° (Umluft 190°) vorheizen. Die Calzone zugedeckt 10 Min. gehen lassen. Im Ofen (unten) in 35–40 Min. goldbraun backen.

VARIANTE – MOZZARELLA-CALZONE
Teig wie oben zubereiten. Für die Füllung 40 g Pinienkerne rösten und hacken. 200 g Mozzarella abtropfen lassen. 2 Schalotten schälen. Mozzarella, Schalotten und 150 g Lachsschinken, Salami, Parmaschinken oder Mortadella würfeln. 1 Fleischtomate (ca. 250 g) waschen, halbieren, entkernen, klein schneiden. Alles mischen, mit Pfeffer und etwas Oregano würzen. Den Teig halbieren, oval ausrollen und füllen. Im vorgeheizten Ofen (unten) bei 210° (Umluft 190°) 35–40 Min. backen.

griechisch inspiriert | braucht etwas Zeit

Geflügel-Spinat-Pita

450 g TK-Blätterteig | 700 g TK-Blattspinat
½ kaltes Grillhähnchen
100 g Blauschimmelkäse | 50 g Pinienkerne
1 Bund Frühlingszwiebeln
2 Knoblauchzehen | 30 g Butter
4 EL Semmelbrösel | 2 Eier
Salz | schwarzer Pfeffer
frisch geriebene Muskatnuss
1 Eigelb zum Bestreichen

Für 1 Pita (6 Stücke)
⊚ 1 Std. Zubereitung | 50 Min. Backen
Pro Stück ca. 830 kcal, 32 g EW, 35 g F, 93 g KH

1 Blätterteigscheiben nebeneinanderlegen und auftauen lassen. Spinat auftauen lassen. Hähnchenfleisch von den Knochen lösen, die Haut entfernen. Fleisch und Käse würfeln. Pinienkerne ohne Fett hellbraun rösten und grob hacken. Frühlingszwiebeln putzen, waschen und in feine Ringe schneiden. Knoblauch schälen und klein würfeln.

2 Butter erhitzen, Frühlingszwiebeln und Knoblauch darin 2 Min. anbraten. Spinat zugeben und 2 Min. mitdünsten. Hähnchenfleisch, Käse, Pinienkerne, Semmelbrösel und Eier untermischen. Mit Salz, Pfeffer und Muskat würzen. Abkühlen lassen.

3 Ofen auf 210° vorheizen. Ein Blech kalt abspülen. Teig zu zwei Platten (à ca. 45 x 45 cm) ausrollen. Eine Teigplatte auf das Blech legen, die Spinatmasse daraufgeben, dabei einen Rand freilassen. Teigränder über die Füllung schlagen, mit Wasser bepinseln. Zweite Teigplatte daraufsetzen, andrücken. Eigelb verquirlen. Pita damit bestreichen. Im Ofen (Mitte, Umluft 190°) 45–50 Min. backen.

Klassiker auf neue Art | für Gäste

Hackfleisch-Pita

450 g TK-Blätterteig
3 in Öl eingelegte Sardellen
2 EL grüne Oliven ohne Stein
100 g Schafkäse (Feta)
2 Zwiebeln | 1 Bund glatte Petersilie
250 g gemischtes Hackfleisch | 250 g Tatar
abgeriebene Schale von 1 Bio-Zitrone
1 Ei | 1 Eiweiß | 50 g Semmelbrösel
1 EL abgetropfte kleine Kapern
1 EL edelsüßes Paprikapulver
je 1 Prise getrockneter Oregano und Thymian
Salz | schwarzer Pfeffer
1 Eigelb zum Bestreichen

Für 1 Pita (6 Stücke)
⊚ 1 Std. Zubereitung | 45 Min. Backen
Pro Stück ca. 560 kcal, 28 g EW, 35 g F, 32 g KH

1 Blätterteigscheiben nebeneinanderlegen und auftauen lassen. Sardellen abtropfen lassen, mit Oliven klein hacken. Käse würfeln. Zwiebeln schälen und klein würfeln. Petersilie waschen und trocken tupfen, die Blätter fein hacken. Die vorbereiteten Zutaten mit Hackfleisch und Tatar mischen. Zitronenschale, Ei, Eiweiß, Semmelbrösel und Kapern untermischen. Mit Paprikapulver, Oregano, Thymian, Salz und Pfeffer würzen.

2 Ofen auf 210° vorheizen. Ein Blech kalt abspülen. Blätterteig zu zwei Platten (à ca. 40 x 40 cm) ausrollen. Eine Teigplatte auf das Blech legen, mit Fleischmasse bestreichen, dabei einen Rand freilassen. Die zweite Platte daraufgeben, andrücken. Eigelb verquirlen. Pita damit bestreichen. Im Ofen (Mitte, Umluft 190°) 40–45 Min. backen.

vegetarisch | preiswert

Gedeckter Sauerkrautkuchen

Am besten schmeckt dieser Kuchen in den Wintermonaten, wenn es frisches Sauerkraut aus dem Holzfass gibt. Dazu passt sehr gut warmes Kasseler.

Für den Teig:
200 g Magerquark
350 g Mehl
200 g Butter
1 Prise Salz

Für die Füllung:
¼ Ananas (ca. 250 g Fruchtfleisch)
400 g Sauerkraut (frisch oder aus der Dose)
2 Schalotten | 25 g Butter
1 TL Speisestärke
2 EL Sahne | 1 Ei
1 TL abgeriebene Schale von 1 Bio-Orange
1 TL gekörnte Gemüsebrühe
frisch gemahlener schwarzer Pfeffer
1 Prise frisch geriebene Muskatnuss

Außerdem:
Butter für das Backblech
Mehl für die Arbeitsfläche
1 Eigelb und 2 EL Milch zum Bestreichen

Für 1 Kuchen (8 Stücke)
⏱ 1 Std. 30 Min. Zubereitung | 50 Min. Backen
Pro Stück ca. 450 kcal, 11 g EW, 27 g F, 38 g KH

1 Den Quark abtropfen lassen. Mehl, Quark, Butter in kleinen Würfeln und Salz auf eine Arbeitsfläche geben und mit einem großen Messer mischen und hacken. Dann alles zügig mit den Händen zu einem glatten Teig verkneten. Den Teig zugedeckt 1 Std. kalt stellen.

2 Inzwischen die Ananas großzügig schälen und den mittleren Strunk entfernen. Das Fruchtfleisch (ca. 250 g) klein schneiden, in ein Sieb geben und abtropfen lassen. Das Sauerkraut, wenn nötig, etwas ausdrücken und fein hacken. Schalotten schälen und klein würfeln. Die Butter erhitzen, die Schalotten darin glasig dünsten und etwas abkühlen lassen. Speisestärke mit Sahne und Ei verrühren. Sauerkraut, Ananas, Schalotten und Orangenschale unterrühren. Mit gekörnter Brühe, 1 kräftigen Prise Pfeffer und Muskat würzen.

3 Ein Backblech mit Butter einfetten. Den Ofen auf 200° vorheizen. Den Teig auf einer bemehlten Arbeitsfläche ausrollen, einmal falten und nochmals ausrollen. Den Teig wieder zusammenfalten und ca. 3 mm dick ausrollen. Den Teig in zwei Rechtecke (à ca. 35 x 20 cm) schneiden. Eine Teigplatte auf das Blech legen, die Sauerkrautmasse daraufgeben, dabei einen ca. 2 cm breiten Rand freilassen. Die zweite Teigplatte drauflegen, die Ränder andrücken. Eigelb mit Milch verquirlen. Den Kuchen damit bepinseln. Im Ofen (Mitte, Umluft 180°) in 50 Min. goldbraun backen.

VARIANTE – SAUERKRAUT-SPECKKUCHEN
Der vegetarische Kuchen mit süßsaurer Note schmeckt auch etwas deftiger sehr gut. Dafür dann Ananas und Orangenschale durch 150 g knusprig gebratene Speckwürfel, 1 EL zerstoßenen Kümmel und 1 klein gehackte Knoblauchzehe ersetzen.

Klein und fein

Hier finden Sie würzige Kleinigkeiten aus dem Ofen für einen Abend mit Freunden und gutem Wein oder kühlem Bier. Ob Pizzette, gefüllte Teigtäschchen oder Minifladen mit Oliven oder Tomaten, servieren Sie eine kleine Auswahl und jeder bedient sich selbst. Oder wie wär's mit Flammkuchen – meinem Lieblingskuchen zu jungem Wein?

Flammkuchen

150 g Mehl
100 g Roggenvollkornmehl
¼ Würfel Hefe (ca. 10 g)
2 EL Olivenöl | Salz
200 g durchwachsener Speck
6 Schalotten
125 g Crème fraîche mit Kräutern
1 Bund Schnittlauch
Olivenöl für die Backbleche | Mehl zum Arbeiten

Für 6 Fladen
1 Std. 15 Min. Zubereitung | 20 Min. Backen
Pro Fladen ca. 470 kcal, 8 g EW, 36 g F, 29 g KH

1 Beide Mehlsorten in einer Schüssel mischen, in die Mitte ein Mulde drücken. Die Hefe dazubröckeln, mit 100 ml lauwarmem Wasser und etwas Mehl verrühren. Den Vorteig zugedeckt 20 Min. gehen lassen.

2 Den Vorteig mit Mehl, Öl, ½ TL Salz und 3–4 EL lauwarmem Wasser zu einem glatten Teig verkneten. Den Teig zugedeckt 40 Min. gehen lassen.

3 Inzwischen den Speck klein würfeln. Die Schalotten schälen und in feine Ringe schneiden. Speck in einer Pfanne ohne Fett knusprig braun braten. Die Schalotten dazugeben und glasig braten. Die Speckmischung abkühlen lassen.

4 Den Ofen auf 240° (Umluft 220°) vorheizen. Zwei Backbleche einfetten. Den Teig kneten, in 6 Stücke teilen und auf einer bemehlten Arbeitsfläche dünn zu ovalen oder runden Fladen ausrollen. Die Fladen auf die Bleche legen. Crème fraîche verrühren und die Fladen damit bestreichen. Die Speck-Zwiebel-Mischung darauf verteilen. Fladen im Ofen (Mitte) 15–20 Min. backen. Schnittlauch waschen, trocken schütteln, in Röllchen schneiden und über die Flammkuchen streuen. Sofort servieren.

gelingt leicht | intensiv würzig

Olivenfladen

3 Knoblauchzehen | Salz
60 g schwarze Oliven ohne Stein
2 Stängel Salbei | 3 Zweige Thymian
1 Zweig Rosmarin
1 TL getrockneter Oregano
200 g Mehl | 150 g Dinkelvollkornmehl
100 g Roggenvollkornmehl
1 Päckchen Trockenhefe | 7 EL Olivenöl
50 g frisch geriebener Parmesan
Olivenöl für die Backbleche

Für 12 Fladen | ⏲ 30 Min. Zubereitung
1 Std. Ruhen | 20 Min. Backen
Pro Fladen ca. 205 kcal, 6 g EW, 9 g F, 26 g KH

1 Knoblauch schälen, grob hacken und mit etwas Salz bestreut zerdrücken. Oliven klein schneiden. Kräuter waschen und trocken tupfen. Salbei- und Thymianblätter und Rosmarinnadeln hacken, mit Oregano, Oliven und Knoblauch mischen.

2 Die drei Mehlsorten mit Hefe, 2 EL Öl, 1 TL Salz, der Hälfte der Oliven-Kräuter-Mischung und etwa ¼ l lauwarmem Wasser verkneten, bis der Teig glatt ist und nicht mehr klebt. Den Teig zugedeckt mindestens 1 Std. gehen lassen.

3 Ofen auf 220° (Umluft 200°) vorheizen. Zwei Backbleche einfetten. Teig kneten und in 12 Stücke teilen. Die Stücke zu runden Fladen (à ca. 10 cm Ø) ausrollen, diese auf die Bleche legen und mit 2 EL Öl bepinseln. Im Ofen (Mitte) 10 Min. backen. Die Fladen herausnehmen, Parmesan und übrige Oliven-Kräuter-Mischung auf die Fladen geben, mit restlichem Öl beträufeln und in 10 Min. fertig backen.

lässt sich gut vorbereiten | fürs Grillfest

Tomatenfladenbrote

450 g Mehl | ¼ Würfel Hefe (ca. 10 g)
1 TL Salz | 300 g Kirschtomaten
2 Zweige Rosmarin
1 ½ EL grobes Meersalz | 3 EL Olivenöl
Olivenöl und Mehl für die Backbleche

Für 6 Fladen | ⏲ 20 Min. Zubereitung
8 Std. Ruhen | 20 Min. Backen
Pro Fladen ca. 330 kcal, 8 g EW, 8 g F, 55 g KH

1 Mehl mit zerbröckelter Hefe, Salz und etwa 300 ml kaltem Wasser verkneten, bis der Teig glatt ist und nicht mehr klebt. Den Teig zu einer Kugel formen, mit Mehl bestäuben und zugedeckt im Kühlschrank mindestens 8 Std. gehen lassen.

2 Ofen auf 240° (Umluft 220°) vorheizen. Zwei Bleche einfetten und mit Mehl bestäuben. Tomaten waschen, halbieren, Stielansätze entfernen. Rosmarin waschen, trocken tupfen und fein hacken.

3 Den Teig kneten und in 6 Stücke teilen. Die Stücke auf einer bemehlten Arbeitsfläche zu runden, nicht zu dünnen Fladen ausrollen. Die Fladen auf die Bleche legen und etwas auseinanderdrücken. Die Tomatenhälften darauflegen. Mit Rosmarin und Meersalz bestreuen und mit Öl beträufeln. Im Ofen (Mitte) 15–20 Min. backen. Warm servieren.

GUT ZU WISSEN

Bei dieser Art der Teigzubereitung sprechen Profis von »kalter Führung«. Damit können Sie den Teig morgens vorbereiten und abends backen. Dann den Hefeteig an einem warmen Platz 30 Min. gehen lassen, nochmals kneten, belegen und backen.

links: Olivenfladen | rechts: Tomatenfladenbrote

schön würzig | für Gäste

Arabische Lammfleischtaschen

Mit den fein aufeinander abgestimmten Gewürzen Piment, Kreuzkümmel und Zimt-pulver schmecken die gefüllten, leicht scharfen Teigtäschchen ein wenig nach 1001 Nacht.

450 g Mehl
1 Päckchen Trockenhefe
3 EL Olivenöl | Salz
1 Zwiebel | 2 Knoblauchzehen
1 kleine, grüne Paprikaschote
1 rote Chilischote
50 g geschälte Mandeln
250 g Lammhackfleisch
abgeriebene Schale von ½ Bio-Zitrone
1 Prise Cayennepfeffer
1 Msp. gemahlener Piment
1 Msp. gemahlener Kreuzkümmel
1 Msp. Zimtpulver
Olivenöl für das Backblech
Mehl für die Arbeitsfläche
1 Ei zum Bestreichen

Für 8 Stück
◌ 2 Std. Zubereitung | 30 Min. Backen
Pro Stück ca. 330 kcal, 15 g EW, 11 g F, 42 g KH

1 Für den Teig das Mehl mit Trockenhefe, 2 EL Öl, 1 TL Salz und ¼ l lauwarmem Wasser mischen und zu einem glatten Teig verkneten. Den Teig zuge-deckt an einem warmen Platz 1 Std. gehen lassen.

2 Inzwischen für die Füllung Zwiebel und Knob-lauch schälen und klein würfeln. Die Paprikaschote vierteln, putzen, waschen und in Würfel schneiden. Die Chilischote längs halbieren, putzen, waschen und klein würfeln. Die Mandeln hacken.

3 1 EL Öl erhitzen, das Fleisch darin bei starker Hit-ze kurz anbraten. Zwiebel, Knoblauch, Paprika- und Chiliwürfel zugeben und bei mittlerer Hitze 2 Min. braten. Mandeln und Zitronenschale unterrühren. Mit Salz, Cayennepfeffer, Piment, Kreuzkümmel und Zimtpulver würzen. Das Fleisch abkühlen lassen.

4 Den Ofen auf 220° (Umluft 200°) vorheizen. Ein Backblech einfetten. Den Teig kneten, auf einer bemehlten Arbeitsfläche ausrollen und 8 Kreise (à ca. 12 cm ∅) ausstechen. Die Fleischmasse darauf verteilen, dabei einen Rand freilassen. Das Ei tren-nen. Eiweiß leicht verquirlen. Die Teigränder damit bepinseln, die Kreise zu Taschen zusammenklap-pen, die Ränder andrücken. Die Taschen auf das Blech legen. Eigelb leicht verquirlen. Die Taschen damit bestreichen. Im Ofen (Mitte) 30 Min. backen.

AUSTAUSCH-TIPP
Sie können statt Lammhackfleisch auch Rinderhack-fleisch nehmen. ½ Bund glatte Petersilie hacken und mit 2 EL Tomatenmark untermischen. Mandeln durch geröstete Pinienkerne ersetzen, Zimtpulver weglassen.

UND DAZU?
Joghurt-Kräuter-Sauce: Dafür 2 Stängel Minze und ½ Bund glatte Petersilie waschen, trocken tupfen und fein hacken. Je 2 Knoblauchzehen und Schalotten schä-len, sehr fein hacken. Mit Kräutern, 250 g Sahnejoghurt (10 % Fett), 1 Spritzer frisch gepresstem Zitronensaft und je 1 Prise Salz, weißem Pfeffer und Zucker verrühren.

preiswert | gelingt leicht

Parmesanfladen

40 g in Öl eingelegte getrocknete Tomaten
100 g Parmesan
½ TL Korianderkörner
150 g feines Maismehl
100 g Mehl | 1 TL Salz
½ TL Kurkumapulver
1 Prise Cayennepfeffer
3 EL Maiskeimöl
Maiskeimöl für das Backblech

Für 12 Fladen | ⊚ 30 Min. Zubereitung
3 Std. Quellen | 20 Min. Backen
Pro Fladen ca. 140 kcal, 5 g EW, 6 g F, 14 g KH

1 Tomaten klein schneiden. Parmesan reiben. Die Korianderkörner im Mörser zerstoßen. Maismehl mit dem Mehl und Salz mischen. Die Tomaten, die Hälfte Parmesan, Koriander, Kurkumapulver, Cayennepfeffer und das Öl dazugeben. Alles mit ¼ l kaltem Wasser verrühren. Den relativ weichen Teig zugedeckt 3 Std. quellen lassen.

2 Den Ofen auf 220° (Umluft 200°) vorheizen. Ein Blech mit reichlich Öl einfetten. Aus dem Teig mit einem Esslöffel 12 Häufchen mit etwas Abstand auf das Blech setzen und jeweils zu einem kleinen Fladen verstreichen. Mit dem restlichen Parmesan bestreuen. Die Fladen im Ofen (oben) in ca. 20 Min. knusprig und goldbraun backen. Warm servieren.

VORRATSTIPP
Die doppelte Menge zubereiten. Die Hälfte nur 18 Min. backen, abkühlen lassen und einfrieren. Bei Bedarf vor dem Servieren unaufgetaut in 3–4 Min. aufbacken.

fränkische Spezialität | braucht etwas Zeit

Grüne Kartoffellaiberl

250 g mehligkochende Kartoffeln
200 g Butter | 1 Bund Petersilie
200 g Mehl | Salz | weißer Pfeffer
frisch geriebene Muskatnuss
1 EL Kümmelsamen
1 EL grobes Meersalz
Mehl für die Arbeitsfläche
Butter und Mehl für das Backblech
1 Eigelb zum Bestreichen

Für 8 Stück | ⊚ 1 Std. Zubereitung
Über Nacht + 2 Std. Ruhen | 25 Min. Backen
Pro Stück ca. 310 kcal, 4 g EW, 23 g F, 23 g KH

1 Kartoffeln am Vortag waschen, in 20–25 Min. garen, dann abgießen. Am nächsten Tag die Butter zerlassen und abkühlen lassen. Petersilie waschen und trocken tupfen, die Blätter sehr fein hacken. Kartoffeln pellen und durch die Presse in eine Schüssel drücken. Mit Butter, Petersilie, Mehl, je 1 Prise Salz, Pfeffer und Muskat zu einem Teig verarbeiten. Den Teig 1 Std. kalt stellen.

2 Kartoffelteig auf einer bemehlten Arbeitsfläche ausrollen, zusammenfalten, nochmals ausrollen und wieder kneten. Nochmals 1 Std. kalt stellen.

3 Ofen auf 220° (Umluft 200°) vorheizen. Ein Blech einfetten, mit Mehl bestreuen. Teig auf einer bemehlten Arbeitsfläche ca. 5 mm dick ausrollen, 8 Kreise (à ca. 10 cm ∅) ausstechen und auf das Blech legen. Kümmel im Mörser zerstoßen. Eigelb leicht verquirlen und die Laiberl damit bepinseln. Mit Kümmel und Meersalz bestreuen. Im Backofen (Mitte) 20–25 Min. backen.

kräuterwürzig | gelingt leicht

Provenzalische Brotfladen

350 g Weizenvollkornmehl
150 g fein gemahlener Buchweizen
½ Würfel Hefe (ca. 20 g)
1 EL schwarze Oliven ohne Stein
40 g in Öl eingelegte getrocknete Tomaten
4 Knoblauchzehen
1 TL Korianderkörner
1 TL getrocknete Kräuter der Provence
250 g Buttermilch | 1 TL Salz
Olivenöl für das Backblech

Für 12 Fladen | ◎ 45 Min. Zubereitung
1 Std. 30 Min. Ruhen | 20 Min. Backen
Pro Fladen ca. 160 kcal, 6 g EW, 2 g F, 27 g KH

1 Mehl und Buchweizen mischen, in die Mitte eine Mulde drücken. Hefe dazubröckeln, mit 125 ml lauwarmem Wasser und etwas Mehl verrühren. Zugedeckt 20 Min. gehen lassen. Oliven und Tomaten klein schneiden. Knoblauch schälen, klein würfeln. Koriander zerstoßen. Mit Tomaten, Oliven, Knoblauch, Kräuter der Provence mischen.

2 Buttermilch lauwarm erwärmen. 200 g Buttermilch, Salz und Olivenmischung auf den Mehlrand geben. Mit Mehl und Vorteig zu einem glatten Teig verkneten. Den Teig zugedeckt 1 Std. gehen lassen.

3 Ein Backblech einfetten. Den Teig kneten und in 12 Stücke teilen. Die Stücke zu Kugeln formen, diese ca. 5 mm dick ausrollen und auf das Blech legen. Den Ofen auf 200° (Umluft 180°) vorheizen. Teig zugedeckt noch 10 Min. gehen lassen. Die Fladen mit der übrigen Buttermilch bepinseln. Im Backofen (oben) 20 Min. backen.

herzhaft | gelingt leicht

Austernpilz-Pizzette

400 g Mehl
1 Päckchen Trockenhefe
Salz | 4 EL Distelöl
200 g Austernpilze | 1 Zwiebel
125 g geräucherter Speck
150 g Ricotta
1 TL scharfes Paprikapulver
½ Bund glatte Petersilie
Distelöl für das Backblech

Für 10 Stück
◎ 1 Std. 20 Min. Zubereitung | 20 Min. Backen
Pro Stück ca. 295 kcal, 8 g EW, 16 g F, 30 g KH

1 Mehl, Trockenhefe, 1 TL Salz, 2 EL Öl und 220 ml lauwarmes Wasser zu einem glatten Teig verkneten. Den Teig zugedeckt 1 Std. gehen lassen.

2 Die Pilze putzen, abreiben und klein schneiden. Zwiebel schälen und würfeln. Speck würfeln und ohne Fett knusprig braten. Zwiebel und Pilze zugeben und 3 Min. braten. Abkühlen lassen.

3 Ein Blech einfetten. Teig kneten, in 10 Stücke teilen und zu Kugeln formen, diese ca. 5 mm dick ausrollen und auf das Blech legen. Die Speck-Pilz-Mischung daraufgeben und den Ricotta in kleinen Klecksen dazwischen verteilen. Die Fladen leicht salzen, mit Paprikapulver bestreuen, mit übrigem Öl beträufeln und zugedeckt 10 Min. gehen lassen.

4 Den Ofen auf 220° (Umluft 200°) vorheizen. Die Fladen im Ofen (Mitte) 20 Min. backen. Petersilie waschen und trocken tupfen, die Blätter hacken. Die heißen Fladen mit Petersilie bestreut servieren.

oben: Austernpilz-Pizzette | unten: Provenzalische Brotfladen

Grundrezept | vegetarisch

Brokkoli-Blumenkohl-Ecken

Fingerfood vom Feinsten: für ein Brunch-Büfett am Wochenende oder mit einem frischen Salat ein vollwertiges Mittagessen für Vier.

Für den Mürbeteig:
300 g Mehl | Salz
125 g kalte Butter
2 Eigelb
Für den Belag:
300 g Brokkoli
1 kleiner Blumenkohl (ca. 500 g)
1 Möhre | Salz
100 g Blauschimmelkäse (z. B. Bavaria blue)
Für den Guss:
100 g Sahne | 1 EL Mehl
2 Eier | 1 kleine Zwiebel
50 g Emmentaler Käse
1 Bund Schnittlauch
Salz | Cayennepfeffer
1 Prise frisch geriebene Muskatnuss
Außerdem:
50 g kalte Butter zum Belegen

Für ½ Backblech (40 Stücke)
🕐 1 Std. 30 Min. Zubereitung | 35 Min. Backen
Pro Stück ca. 90 kcal, 2 g EW, 6 g F, 5 g KH

1 Das Mehl mit 1 TL Salz mischen, die kalte Butter in Stückchen und die Eigelbe dazugeben. Alles zwischen den Fingern zerbröseln, eventuell etwas kaltes Wasser zugeben und den Teig rasch verkneten. Den Teig zwischen Frischhaltefolie zu einem Rechteck (ca. 20 x 35 cm) ausrollen und in der Folie aufgerollt 30 Min. in den Kühlschrank legen.

2 Inzwischen Brokkoli und Blumenkohl waschen, putzen und in kleine Röschen teilen. Die Brokkolistiele schälen, dann mit Blumenkohlstielen klein schneiden. Möhre putzen und schälen. Brokkoli, Blumenkohl und Möhre in kochendem Salzwasser 3 Min. blanchieren, in ein Sieb abgießen und in Eiswasser abschrecken. Möhre in Scheiben schneiden.

3 Den Ofen auf 190° vorheizen. Die Hälfte des Blechs mit dem Teigrechteck bedecken, dabei einen Rand formen, zur Mitte hin mit einem Streifen doppelt gefalteter Alufolie abschließen. Den Teig mit einer Gabel mehrmals einstechen und im Ofen (Mitte, Umluft 170°) 15 Min. vorbacken.

4 Für den Guss Sahne, Mehl und Eier verrühren. Die Zwiebel schälen und raspeln. Den Emmentaler Käse reiben. Schnittlauch waschen, trocken schütteln und in Röllchen schneiden. Die Hälfte davon mit Käse und Zwiebel unter den Guss rühren. Den Guss mit Salz, Cayennepfeffer und Muskat würzen.

5 Vorgebackenen Teig herausnehmen, mit Gemüse belegen, Blauschimmelkäse darüberbröckeln. Eierguss darübergießen, Butter in Flöckchen darauf verteilen. Im Ofen (Mitte) in 20 Min. fertig backen.

6 Den Kuchen herausnehmen, etwas abkühlen lassen und in 20 Rechtecke (à ca. 5 x 7 cm) schneiden, diese diagonal halbieren. Die Brokkoli-Blumenkohl-Ecken mit dem übrigen Schnittlauch bestreuen und lauwarm servieren.

raffiniert | gelingt leicht

Pestofladen

200 g Mehl
150 g Weizenvollkornmehl
150 g fein gemahlener Buchweizen
½ Würfel Hefe (ca. 20 g)
1 Prise Zucker | 50 g Pinienkerne
3 Knoblauchzehen
1 Bund Basilikum
70 g Parmesan | 7 EL Olivenöl
250 g Joghurt | Salz
70 g Pecorino
Rapsöl für das Backblech

Für 12 Fladen | ⏲ 45 Min. Zubereitung
1 Std. 20 Min. Ruhen | 20 Min. Backen
Pro Fladen ca. 290 kcal, 10 g EW, 14 g F, 30 g KH

1 Beide Mehlsorten mit dem Buchweizen mischen, in die Mitte eine Mulde drücken. Die Hefe dazubröckeln, mit Zucker und 100 ml lauwarmem Wasser verrühren. Den Teig zugedeckt 20 Min. gehen lassen.

2 Pinienkerne ohne Fett rösten. Knoblauch schälen. Basilikum waschen und trocken tupfen, die Blätter abzupfen. Parmesan reiben. Mit Pinienkernen, Knoblauch, Basilikum und 4 EL Öl pürieren.

3 Ein Backblech einfetten. Joghurt mit 1 TL Salz leicht erwärmen, mit Mehl, Vorteig und Pesto verkneten, bis der Teig glatt und geschmeidig ist. Den Teig zugedeckt 1 Std. gehen lassen. Den Pecorino reiben. Ofen auf 220° (Umluft 200°) vorheizen. Teig kneten, in 12 Stücke teilen und zu Kugeln formen, diese ca. 5 mm dick ausrollen. Die Fladen auf das Blech legen, mit übrigem Öl beträufeln, mit Pecorino bestreuen. Im Ofen (oben) 15–20 Min. backen.

Spezialität aus Südtirol

Rote Bete-Schnitten

250 g Mehl
200 g kalte Butter | Salz
1 dünne Stange Lauch (ca. 200 g)
100 g durchwachsener Speck
1 EL Distelöl | 50 g Parmesan
300 g gekochte Rote Bete (vakuumverpackt)
100 g Sahne | 1 Ei | 1 Eigelb
1 Handvoll Kerbelblätter

Für ½ Backblech (12 Stücke)
⏲ 1 Std. 15 Min. Zubereitung | 30 Min. Backen
Pro Stück ca. 320 kcal, 6 g EW, 25 g F, 17 g KH

1 Mehl, 125 g Butter in Stücken und 1 TL Salz zwischen den Fingern zerbröseln, mit 50 ml eiskaltem Wasser verkneten. Teig zwischen Frischhaltefolie zu einem Rechteck (ca. 20 x 35 cm) ausrollen, in der Folie aufgerollt 30 Min. in den Kühlschrank legen.

2 Inzwischen den Lauch putzen, waschen und in dünne Ringe schneiden. Speck würfeln. Öl erhitzen, Speck und Lauch darin 3 Min. braten. Die Mischung abkühlen lassen. Parmesan reiben. Rote Bete in feine Streifen schneiden. Sahne mit Ei, Eigelb, zwei Dritteln von dem Käse und 1 Prise Salz verquirlen.

3 Ofen auf 190° (Umluft 170°) vorheizen. Teigrechteck auf das Backblech legen, dabei einen Rand formen und zur Mitte hin mit doppelt gefalteter Alufolie abschließen. Speck-Lauch-Mischung und Rote Bete darauf verteilen, mit Eierguss übergießen. Mit Parmesan bestreuen, restliche Butter in Flöckchen daraufsetzen. Im Ofen (Mitte) 30 Min. backen. Den Kuchen herausnehmen, etwas abkühlen lassen, in Stücken mit Kerbel bestreut servieren.

für Gäste | etwas teurer

Thunfisch-Pizzette

450 g Mehl | Salz
1 Päckchen Trockenhefe
6 EL Olivenöl
200 g frischer Thunfisch
1 TL frisch gepresster Zitronensaft
1 Zucchino (ca. 200 g)
4 Schalotten
3 Knoblauchzehen
1 gelbe Paprikaschote
3 Stängel Estragon
2 Stängel Salbei
1 Zweig Rosmarin
250 g Mozzarella
400 g stückige Tomaten (aus der Dose)
200 g geschälte, in Kräuteröl eingelegte Garnelen
frisch gemahlener schwarzer Pfeffer
1 Bund Rucola
Olivenöl für das Backblech

Für 8 Stück
1 Std. 30 Min. Zubereitung | 20 Min. Backen
Pro Stück ca. 470 kcal, 22 g EW, 23 g F, 45 g KH

1 Mehl mit 1 TL Salz, Trockenhefe, 2 EL Öl und etwa ¼ l lauwarmem Wasser verkneten, bis der Teig glatt und geschmeidig ist. Den Teig zugedeckt an einem warmen Platz 1 Std. gehen lassen.

2 Inzwischen den Thunfisch kurz kalt abspülen, trocken tupfen, in ca. 2 cm große Würfel schneiden, mit Zitronensaft und 1 EL Öl beträufeln. Den Zucchino waschen, putzen und in dünne Scheiben schneiden. Die Schalotten schälen und in feine Ringe schneiden. Den Knoblauch schälen und würfeln. Die Paprikaschote halbieren, putzen, waschen und in Streifen schneiden.

3 Estragon, Salbei und Rosmarin waschen und trocken tupfen. Blätter und Nadeln klein hacken. Den Mozzarella abtropfen lassen und in Würfel schneiden. Die Tomaten in einem Sieb abtropfen lassen.

4 Ein Backblech einfetten. Den Ofen auf 240° (Umluft 220°) vorheizen. Den Teig kneten, in 8 Stücke teilen und zu Kugeln formen, diese rund (ca. 12 cm ∅) ausrollen. Die Fladen auf das Blech legen. Tomaten, Kräuter, Knoblauch, Mozzarella, Thunfischwürfel, Garnelen, Zucchinischeiben, Zwiebelringe, Paprikaschotenstreifen darauf verteilen. Mit etwas Salz und Pfeffer würzen.

5 Pizzette mit übrigem Olivenöl beträufeln und im Ofen (Mitte) 15–20 Min. backen. Rucola waschen, verlesen, trocken schleudern und zerzupfen. Heiße Pizzette mit Rucola bestreuen und sofort servieren.

VARIANTE – KNOBLAUCH-PIZZETTE

Die Hefeteigfladen auf dem Blech mit den stückigen Tomaten aus der Dose belegen. 6 Knoblauchzehen schälen, würfeln und darüberstreuen. Mit 2 TL getrocknetem Oregano, Salz und Pfeffer würzen. Pizzette mit 3–4 EL Olivenöl beträufeln und zugedeckt 10 Min. gehen lassen. Im vorgeheizten Ofen (Mitte) bei 240° (Umluft 220°) 15 Min. backen. Eventuell mit Basilikumblättern bestreuen. Dazu passt ein vollmundiger Rotwein.

gelingt leicht | für Gäste

Flammkuchen mit grünem Spargel

Das Sieger-Rezept des Großen GU-Rezeptwettbewerbs auf küchengötter.de! Mit ihrer knusprigen Flammkuchen-Idee überzeugte Küchengöttin »Jeanne« die Kochbuchredaktion.

15 g frische Hefe
Zucker
250 g Mehl | Salz
12 Stangen grüner Spargel
2–3 rote Zwiebeln
ca. 100 g Walnusskerne
100 g Ziegenfrischkäse
250 g Crème fraîche
Meersalz
frisch gemahlener Pfeffer
4–5 EL Walnussöl
Butter für das Backblech
Mehl für die Arbeitsfläche

Für 4 Fladen
🕐 1 Std. Zubereitung | 15 Min. Backen
Pro Fladen ca. 840 kcal, 18 g EW, 62 g F, 53 g KH

1 Die Hefe zerbröckeln und mit 1 Prise Zucker in 125 ml lauwarmem Wasser glatt rühren und auflösen. Dann mit dem Mehl und 1 Prise Salz zu einem glatten Teig verkneten. Den Teig zugedeckt 30 Min. gehen lassen.

2 Inzwischen den Spargel am unteren Ende schälen und die holzigen Enden abschneiden. Die Stangen schräg oder längs in dünne Scheiben schneiden. Die Zwiebeln schälen und in sehr feine Streifen schneiden. Die Walnusskerne klein hacken. Zwei Drittel davon mit dem Ziegenfrischkäse und der Crème fraîche verrühren.

3 Den Backofen auf 280° (Umluft 260°) vorheizen. Ein Backblech mit Butter einfetten. Den Teig nochmals gut kneten, in vier Portionen teilen und jedes Viertel auf einer leicht bemehlten Arbeitsfläche sehr dünn zu einem länglichen Fladen ausrollen.

4 Die Fladen auf das Backblech legen und jeweils mit der Käse-Nuss-Mischung bestreichen. Mit Spargelscheiben und Zwiebelstreifen belegen. Mit wenig Zucker und den übrigen Walnüssen bestreuen.

5 Die Flammkuchen im Backofen (Mitte) 12–15 Min. backen. Herausnehmen, mit Meersalz und Pfeffer würzen und mit dem Walnussöl beträufeln.

Zum Gebrauch
Damit Sie Rezepte noch schneller finden können, stehen in diesem Register zusätzlich auch beliebte Zutaten wie **Hefeteig** und **Speck** – ebenfalls alphabetisch geordnet und **hervorgehoben** – über den entsprechenden Rezepten.

Unsere Garantie

Alle Informationen in diesem Ratgeber sind sorgfältig und gewissenhaft geprüft. Sollte dennoch einmal ein Fehler enthalten sein, schicken Sie uns das Buch mit dem entsprechenden Hinweis an unseren Leserservice zurück. Wir tauschen Ihnen den GU-Ratgeber gegen einen anderen zum gleichen oder ähnlichen Thema um.

Liebe Leserin und lieber Leser,

wir freuen uns, dass Sie sich für ein GU-Buch entschieden haben. Mit Ihrem Kauf setzen Sie auf die Qualität, Kompetenz und Aktualität unserer Ratgeber. Dafür sagen wir Danke! Wir wollen als führender Ratgeberverlag noch besser werden. Daher ist uns Ihre Meinung wichtig. Bitte senden Sie uns Ihre Anregungen, Ihre Kritik oder Ihr Lob zu unseren Büchern. Haben Sie Fragen oder benötigen Sie weiteren Rat zum Thema? Wir freuen uns auf Ihre Nachricht!

Wir sind für Sie da!
Montag – Donnerstag: 8.00 – 18.00 Uhr;
Freitag: 8.00 – 16.00 Uhr *(0,14 €/Min. aus dem dt. Festnetz/Mobilfunkpreise
Tel.: 0180 - 5 00 50 54*
Fax: 0180 - 5 01 20 54* können abweichen.)
E-Mail:
leserservice@graefe-und-unzer.de

P.S.: Wollen Sie noch mehr Aktuelles von GU wissen, dann abonnieren Sie doch unseren kostenlosen GU-Online-Newsletter und/oder unsere kostenlosen Kundenmagazine.

GRÄFE UND UNZER VERLAG
Leserservice
Postfach 86 03 13
81630 München

Projektleitung: Tanja Dusy
Lektorat: Maryna Zimdars
Korrektorat: Mischa Gallé
Layout, Typografie und Umschlaggestaltung: independent Medien-Design, Horst Moser, München
Satz: Liebl Satz+Grafik, Emmering
Herstellung: Christine Mahnecke
Reproduktion: Repro Ludwig, Zell am See
Druck: Firmengruppe APPL, aprinta druck, Wemding
Bindung: Firmengruppe APPL, sellier druck, Freising
Syndication:
www.jalag-syndication.de

ISBN 978-3-8338-1836-3

1. Auflage 2010

Die Autorin

Brigitta Stuber lebt in München und ist freiberufliche Lektorin und Kochbuchautorin. Sie bäckt gerne, probiert ständig Neues aus und verwöhnt damit ihre Freunde. Dafür verwendet sie frische Produkte der Saison aus ihrem Garten. Ihre Erfahrungen als Backexpertin lässt sie in ihre Bücher einfließen.

Der Fotograf

Wolfgang Schardt kann seine Liebe für Essen und Trinken beruflich ausleben. In seinem Studio in Hamburg fotografiert er vor allem Food, Stills und Interieur für Magazine wie FEINSCHMECKER, für Verlage und Werbung. Unterstützt wurde er von Christine Bergmayer (Foodstyling) und Anke Politt.

Bildnachweis

Titelfoto: Jörn Rynio, Hamburg; alle anderen: Wolfgang Schardt, Hamburg

Titelbildrezept

Pizza Margherita mit verschiedenen Wunschbelägen (S. 11)

Wir danken der Firma W. F. Kaiser u. Co. GmbH, www.kaiser-backform.de, für die in der Fotoproduktion verwendeten Backformen und Küchenhelfer.

Die Temperaturangaben bei Gasherden variieren von Hersteller zu Hersteller. Welche Stufe Ihres Herdes der jeweils angegebenen Temperatur entspricht, entnehmen Sie bitte der Gebrauchsanweisung. Bei Elektroherden können die Backzeiten je nach Herd variieren.

GRÄFE UND UNZER

Ein Unternehmen der
GANSKE VERLAGSGRUPPE

Kochlust pur

Die neuen KüchenRatgeber – da steckt mehr drin

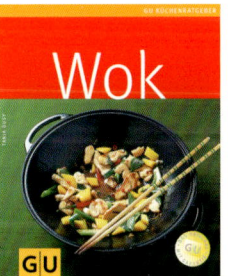

ISBN 978-3-8338-0321-5
64 Seiten

ISBN 978-3-8338-0326-0
64 Seiten

ISBN 978-3-8338-0677-3
64 Seiten

ISBN 978-3-8338-1629-1
64 Seiten

ISBN 978-3-8338-0307-9
64 Seiten

ISBN 978-3-8338-1632-1
64 Seiten

Änderungen und Irrtum vorbehalten

Das macht sie so besonders:

- **Neue mmmh-Rezepte** – unsere beste Auswahl für Sie
- **Praktische Klappen** – alle Infos auf einen Blick
- **Die 10 GU-Erfolgstipps** – so gelingt es garantiert

Willkommen im Leben.

Salate – die frische Ergänzung

Während Pizza, Strudel oder Blechkuchen ihrer Knusprigkeit entgegenbacken, bleibt Zeit, etwas Vitaminreiches auf Tellern zu arrangieren. Hier einige Ideen für vier.

Sommersalat 4 Tomaten waschen, vierteln und die Stielansätze entfernen. 1 kleine Salatgurke schälen. 1 Bund Radieschen putzen und waschen. Gurke und Radieschen in Scheiben schneiden. 1 Bund Rucola waschen, verlesen und trocken schleudern. Mit 1 Kästchen Gartenkresse, Tomaten, Gurke und Radieschen auf einer Platte anrichten. 2 EL frisch gepressten Zitronensaft mit je 1 Prise Salz, Pfeffer, Zucker und 3 EL Distelöl verrühren. Den Salat mit dem Dressing beträufeln.

Tomatensalat 500 g Tomaten waschen, die Stielansätze entfernen und die Tomaten in Scheiben schneiden. 2 Schalotten schälen und in feine Ringe schneiden. Für die Vinaigrette 3 EL Weißweinessig mit je 1 Prise Salz, Zucker, Pfeffer und 3 EL Olivenöl verrühren. Die Tomaten mit dem Dressing anmachen. 1 Bund Schnittlauch waschen, trocken schütteln und in Röllchen schneiden. Salat mit Schalottenringen und den Schnittlauchröllchen bestreuen.

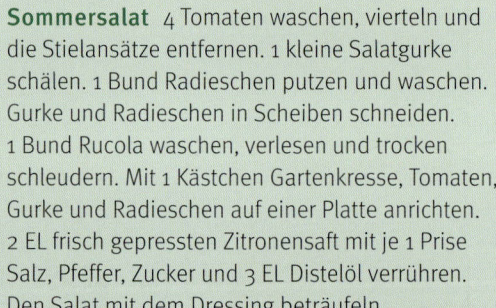

Gelbe Vitaminbombe 3 Stauden Chicorée putzen, waschen, halbieren und in Streifen schneiden. 3 Stangen Staudensellerie waschen, putzen und in Scheiben schneiden. 3 Schalotten schälen, halbieren, in Streifen schneiden. 2 gelbe Paprikaschoten putzen, waschen, in Streifen oder Ringe schneiden. 200 g Mais (Dose) abtropfen lassen. Alle Zutaten mischen. 2 EL weißen Aceto balsamico mit je 1 Prise Salz, Pfeffer, Zucker und 2 EL Maiskeimöl verrühren. Den Salat mit dem Dressing anmachen.